版权声明

LOOSE PARTS 4: Inspiring 21st-Century Learning by Lisa Daly and Miriam Beloglovsky

Copyright © 2020 by Lisa Daly and Miriam Beloglovsky

Published by arrangement with Redleaf Press c/o Nordlyset Literary Agency through Bardon-Chinese Media Agency

Simplified Chinese translation copyright © 2024 by China Light Industry Press Ltd. / Beijing Multi-Million New Era Culture and Media Company, Ltd.

ALL RIGHTS RESERVED

保留所有权利。非经中国轻工业出版社"万千教育"书面授权，任何人不得以任何方式（包括但不限于电子、机械、手工或其他尚未被发明或应用的技术手段）复印、拍照、扫描、录音、朗读、存储、发表本书中任何部分或本书全部内容，以及其他附带的所有资料（包括但不限于光盘、音频、视频等）。中国轻工业出版社"万千教育"未授权任何机构提供源自本书内容的电子文件阅览、收听或下载服务。如有此类非法行为，查实必究。

LOOSE PARTS 4: Inspiring 21st-Century Learning

幼儿园开放性游戏材料

培养儿童必备的七种生存技能

［美］莉萨·戴利　米丽娅姆·别洛戈洛夫斯基　／著
　　（Lisa Daly）　（Miriam Beloglovsky）

陈　欢／译

中国轻工业出版社

图书在版编目（CIP）数据

幼儿园开放性游戏材料：培养儿童必备的七种生存技能／（美）莉萨·戴利(Lisa Daly)，（美）米丽娅姆·别洛戈洛夫斯基(Miriam Beloglovsky)著；陈欢译. —北京：中国轻工业出版社，2024.3（2025.1重印）
ISBN 978-7-5184-3969-0

Ⅰ. ①幼… Ⅱ. ①莉… ②米… ③陈… Ⅲ. ①游戏课－教学研究－学前教育 Ⅳ. ①G613.7

中国版本图书馆CIP数据核字（2022）第077192号

责任编辑：张天怡　　责任终审：张乃柬
策划编辑：高　君　　责任校对：刘志颖　　责任监印：吴维斌

出版发行：中国轻工业出版社（北京鲁谷东街5号，邮编：100040）
印　　刷：中国电影出版社印刷厂
经　　销：各地新华书店
版　　次：2025年1月第1版第2次印刷
开　　本：787×1092　1/16　印张：13.5
字　　数：100千字
书　　号：ISBN 978-7-5184-3969-0　　定价：68.00元

读者热线：010-65181109
发行电话：010-85119832　010-85119912
网　　址：http://www.chlip.com.cn　http://www.wqedu.com
电子信箱：1012305542@qq.com

版权所有　侵权必究
如发现图书残缺请拨打读者热线联系调换

242242Y1C102ZYW

献给所有爱游戏的人

献给所有爱学习的人

献给所有拥抱改变的人

献给所有相信未来充满希望的人

译者序

在伦敦留学时，我曾有幸拜访英国早期教育人士朱利安·格雷尼尔（Julian Grenier）博士。在访谈中，他说到自己从业多年的感悟，意味深长地向我强调："课程始于环境。"在翻译本书的过程中，这句智者之言时常回响在我的耳边。本书虽以环境中的开放性材料为主题，但实际上通篇讲的是游戏、课程和童年，并用鲜活的案例解释了教育者如何观察和鹰架婴幼儿的学习。在全书极具实践指导意义的建议中，其实蕴藏的是作者对早期教育的深刻理解和对一个更美好的社会的殷切期待。正如书中所引用的《小王子》（The Little Prince）里的那句话——"只有用心才能看得清楚，用眼睛是看不见任何本质的"，本书的蕴意需要作为读者的你用心去品读。

什么是游戏？是儿童在区域活动时间因为没有别的区域可选而留在娃娃家当客人吗？是儿童在教师精心计划的科学活动里操作实验教具吗？是儿童好不容易上完课来到户外以后抓紧时间多玩几次滑滑梯吗？对儿童自我选择、自我决定的"真游戏"根深蒂固的误解和轻视，让大量被成人掌控、被时间支配的"假游戏"充斥着儿童的生活。当那些稚嫩的脸庞不再因自我表达而感到愉悦，不再因全身心参与而感到满足时，你应该意识到，"游戏之死"并非危言。如果有一天，作为儿童最佳学习方式的游戏在早期教育机构里"死去"，被成人掌控的课程将无力播下想象、共情、尊重、主动、创造、热爱的种子，儿童只知模仿记忆而不知自我充实，那么人类的未来除了终结难道还有别的可能性吗？

真正的游戏，是儿童在暖洋洋的阳光下把玩奶奶收藏的五颜六色的首饰，是和小伙伴一起紧锣密鼓地烹饪泥巴大餐，是在一堆废弃的纸盒里举行仙女聚会，是嘴里哼唱一首没人听过的歌。通往游戏的道路，在大多数人的童年还没有结束时就被阻塞了。太多人已经忘记了对简单事物的迷恋，忘记了不被控制和牵制是什么感觉，忘记了童年该有的样子。现在，我们必须而且只能借助开放性材料，才能在儿童的带领下重新找回创新精神和来自心灵深处的愉悦与满足。是的，必须，而且只能！

如果你对开放性材料的价值还有任何疑虑，本书就是帮助你消除疑虑、实现专业成长的有力工具。为了让今天的儿童为我们还无法想象的未来社会做好准备，本书介绍了在21世纪取得成功所必备的七种生存技能：认知、连接、参与、冒险、创新思维、创造力以及领导力。每一种技能都由若干子技能组成。作者不仅逐一做出了独到的解释，还通过真实的案例和直观的照片，说明了开放性材料如何在其中发挥作用。有一些技能在我国学前教育的讨论中并不常见，如"参与"中的"能动性"，"冒险"中的"社会情感冒险"，"创造力"中的"混乱""幽默与愉悦"。这些内容不仅能够深化教育工作者对开放性材料价值的理论思考，还能为他们观察和理解儿童提供"脚手架"。

英国为0—5岁儿童制定的《早期奠基阶段体系》（Early Years Foundation Stage，EYFS）提出，环境是课程的起点，课程是幼儿在幼儿园里经历的一切。本书关于开放性材料的讨论极好地诠释了EYFS体系的这两条信念：提供开放性材料是促进儿童发展的起点工作，儿童玩开放性材料的过程本身就是课程。怀着这样严肃的态度，我相信越来越多的早期教育工作者能够意识到开放性材料的价值，从而使得越来越多的儿童能够自在地享受自我充实的游戏，成为21世纪健康、自信、充满生气的探险者和领导者。

陈欢

2023年4月

目　　录

第一部分　导言

第 1 章　21 世纪儿童需要掌握的重要技能　　3

第二部分　认知

第 2 章　自我意识　　36

第 3 章　批判性反思　　40

第 4 章　身份意识　　45

第 5 章　适应性与回弹力　　50

第三部分　连接

第 6 章　归属感　　58

第 7 章　儿童是敏锐的沟通者　　63

第 8 章　建立同理心　　69

第 9 章　合作与道德发展　　74

第四部分　参与

第 10 章　专注力　　84

第 11 章　儿童是科学家　　89

第 12 章　能动性　　94

第 13 章　独处的力量　　99

第五部分　冒险

第 14 章　冒险的能力　　　　　　　　108

第 15 章　身体冒险　　　　　　　　　113

第 16 章　社会情感冒险　　　　　　　119

第 17 章　智力冒险　　　　　　　　　126

第六部分　创新思维

第 18 章　创新循环　　　　　　　　　134

第 19 章　设计思维　　　　　　　　　139

第 20 章　求知欲与好奇心　　　　　　144

第 21 章　不确定性与模棱两可　　　　149

第七部分　创造力

第 22 章　混乱　　　　　　　　　　　159

第 23 章　幽默与愉悦　　　　　　　　165

第 24 章　好奇心与游戏　　　　　　　170

第 25 章　智力与情感参与　　　　　　175

第八部分　领导力

第 26 章　思想开放与观点采择　　　　184

第 27 章　利他与社会公正　　　　　　190

第 28 章　建立可持续性　　　　　　　195

第 29 章　全球视角　　　　　　　　　200

参考文献　　　　　　　　　　　　　205

第一部分
导 言

进入 21 世纪,社会不断地发展和变化,这就要求我们的教育不能停留在让儿童做好学业准备方面。使用开放性材料开展基于游戏的教育,可以培养儿童具备在全球化社会中立足所需要的知识、能力和心智倾向,帮助他们直面未来不可知的挑战。

每一代儿童都会面临无法想象的未来世界。今天出生的儿童在未来可能不会使用纸质货币、阅读精装书籍、手写连笔字或者学习驾驶汽车。社会和技术正在以迅猛的速度发展,以至于人们难以想象儿童即将面临怎样的未来。成年后,人们在生活中会面临一些变化,它们带给我们快乐,但也常常带来批评、不确定、拒绝和失败。你如何克服这些障碍将决定你能否在生活中取得成功。学校教育和家庭教育的主要目标之一是让儿童为生活做好准备,但什么才是真正重要的呢?

有人认为,成就和快乐是未来成功的关键,但谁来定义成功呢?人们常常用财富或者声誉来定义成功,但这种定义显然过于狭隘。对很多人来说,获得医学学位或者成为职业运动员是成功的标志,可是世界上的医生和运动员都是快乐的吗?一名幼儿教师对于自己的工作可能会感到满足、快乐,但如果成功只被定义为经济收入高,那么低工资就使得幼儿教师不能被视作成功人士。从我们的教育系统中可以清楚地看到,我们重视儿童的技能培养,毕竟,他们需要掌握适应未来市场需求的技能,为进入劳动力市场做好准备。但是,这足以让他们成功吗?

比起技能和成功,儿童更需要的是能力的建构。技能属于能力,既有身体方面的,也有心智方面的;既有与生俱来的,又有后天获得的。同时,能力还涉及发展技能的潜力和学习力。儿童的能力建构包括强化儿童个体的接纳和吸收能力。每个人都有建构能力的潜力。能力让你可以有效地理解生活中发生的变化,这对于你处理不可预知的可能性很重要。年幼的儿童通过发展创造力、批判性思维能力和积极参与能力,为未来做好充分的准备。在开放性游戏中,儿童发展想象力、学习力、策应力、共情能力、尊重他人能力、主动能力、洞察力、坚持实现目标的能力以及审视问题和解决问题的能力等。作为教育者和家长,我们的目标是帮助生活中所有的儿童了解自己是谁,让他们充满自信地茁壮成长。

第1章
21世纪儿童需要掌握的重要技能

儿童需要发展社会、情感和认知能力，从而在长大后成为充满生气和高效的公民。在急速变化的世界中，儿童需要具备驾驭未来生活所需的核心知识、才能、心智倾向和工作行为，它们被称为"21世纪技能"。目前，已有诸多成熟的教育框架将21世纪技能整合到关键学科里，如英语、数学、艺术、科学以及历史。

生存技能

工作新世界[①]（New World of Work）指出了社区大学课程中涉及的最重要的21世纪技能，有助于社区大学的学生具备雇主极其看重、对学业成功非常重要的能力、特征和个性（Schulz & Gill, 2014）。其中，最重要的十项技能包括：适应、分析与解决问题、合作、交流、数字流畅性[②]、企业家思维、移情、回弹力、自我意识、社会性/多样性意识。教育研究与创新中心（Centre for Educational Research and Innovation，CERI）指出，比起记忆事实和流程，终身学习能力对未来成功更重要（OECD & CERI, 2008）。教育专业人士的研究也揭示了学生在学习和生活中取得成功所必须掌握的技能、知识和专长。埃伦·加林斯基（Ellen Galinsky, 2010）在《孩子必备的七种生存技能》（*Mind in the Making: The Seven Essential Life Skills Every Child Needs*）一书中断言，儿童绝对需要学习概念和事实，但同样重要的是生存技能。那么，专家认为，儿童需要具备哪些生存技能才能在未来取得成功呢？

认知

为了在21世纪取得成功，儿童需要准确地评价自己的个性、优势、有待提高的领域以及寻找持续发展技能的方法。人生总会遇到挫折，所以回弹力和从错误中学习很重要。培养积极适应变化和变通的意识是有益的。你越了解自己，就越能适应生活的变化。认知涉及：

[①] 由美国加利福尼亚社区大学发展而来，是美国最大的高等教育系统。——译者注

[②] 数字流畅性（digital fluency）指的是熟练掌握多样的数字工具，并根据不同情境选择恰当的工具的能力。——译者注

- 自我意识
- 批判性反思
- 身份意识
- 适应性与回弹力

连接

当儿童进入成年期以后，他们会发现自己所处的世界涉及连接、沟通和合作。当我们体验爱的连接时，我们会感到被支持、被重视。良好的沟通是牢固的健康关系，以及维持令人满足的人际互动的核心。成人要有能力通过书写、谈话和多媒体形式（如视觉表象）进行有效的沟通。合作是必要的，它有助于人们与本地以及世界各地的合作者共同解决问题、完成项目和创新想法。连接涉及：

- 归属感
- 儿童是敏锐的沟通者
- 建立同理心
- 合作与道德发展

参与

在工作和家庭生活中，成人需要在没有他人监督的情况下独立工作、完成任务。我们需要主动性和自主性，以便高效地利用时间、有效地管理工作以及在并不想坚持的时候仍然坚持下去。当被有意义的工作吸引时，我们往往感到心满意足。参与具有积极付出和热情投入的特性，它涉及：

- 专注力
- 儿童是科学家
- 能动性
- 独处的力量

冒险

若要在全球化经济社会中取得成功，儿童需要冒险的能力。打破常规思维方式的人，比如通过不同的方式使用材料来表征想法的人，就是冒险者。冒险是创造力的关键特征。儿童如果要发展技能、学习保证自身安全，就需要体验身体、社会和智力上的冒险。生活的方方面面都涉及冒险。掌控身体技能需要冒险，比如学习走路或者骑自行车；掌控社会性技能需要冒险，比如向陌生人发起一段对话；掌控智力技能也需要冒险，比如学习阅读或者发现问题的解决方法。儿童必须体验和战胜挑战，才能学会如何掌控日常生活。冒险涉及：

- 冒险的能力
- 身体冒险
- 社会情感冒险
- 智力冒险

创新思维

分析思维能力涉及理解、应用、分析、评估和创造。布鲁姆（Bloom）分类系统中明确定义的这些动词，有助于我们描述和分类观察到的知识、技能、态度、行为和信念（Yale Poorvu Center for Teaching and Learning，2018）。每一个动词都反映了一种更高阶的思维方式，而这些思维方式是认知活动的象征。探究性思维是重要的，因为高水平的思维能力有助于我们有效、熟练地研究和评估信息。创新思维涉及：

- 创新循环
- 设计思维
- 求知欲与好奇心
- 不确定性与模棱两可

创造力

富有创造性的思考者的特征包括思路开阔，具有开创性、想象力，健谈且思维灵活。要适应世界的急速变化，我们需要具备从不同视角看待和解决问题的能力。这种跳出常规的思维方式帮助我们应对挑战，形成独特而实用的解决方案。当儿童玩有多种用途的材料时，创造力就在形成。当儿童玩开放性材料时，他们会发现替代物，找到问题解决的办法，创造新的东西或者用新奇且有意义的方式把材料连接起来。创造力涉及：

- 混乱
- 幽默与愉悦
- 好奇心与游戏
- 智力与情感参与

领导力

21世纪的科技进步促使拥有不同的社会经济、文化和国家背景的人在一起为共同的项目而努力。认识到自己的视角并了解其他文化的视角，对于建构跨文化沟通的基础非常重要，这种跨文化沟通指的是来自不同背景的人们有效地沟通。另外，21世纪公民应该有能力促进社会公正、利他主义和可持续性发展。我们的世界需要有人站出来为平等的经济、政治和社会权利而疾呼，为他人服务，并支持、维护或强化资源、价值观、文化和传统以确保后代的延续。领导力涉及：

- 思想开放与观点采择
- 利他与社会公正
- 建立可持续性
- 全球视角

数字流畅性

数字或者技术流畅性，是指有效且流畅地在数字世界里"航行"和工作的能力。我们认识到数字流畅性对于儿童理解、挑选、使用科技和技术体系非常重要，但我们认为科技应当在儿童发展到一定的阶段时——适当的年龄阶段时——被引入，而不是根据儿童的能力做出判断。因为即使儿童有能力使用科技，也不代表他们应该这样做。

年幼的儿童在开展身体活动的同时会积极运用自己的思维（DeVries & Zan，2012）。这意味着，儿童在运动和充满活力的探索中学得最好。如果过早地让他们接触科技，儿童积极探索环境的本能和兴趣就会被抑制。你可能会感到惊讶：居住在美国硅谷的许多家长竟然限制或者禁止儿童使用科技，要知道，那里是世界上许多著名的科技公司所在地（Weller，2018）。这些家长之所以这样做，是因为他们特别担心数字流畅性对儿童的情感和社会性发展带来消极影响。

美国儿科学会（American Academy of Pediatrics，AAP，2016）讨论了媒介对0—5岁儿童健康和发展的影响。他们提倡，避免18—24个月以下的婴幼儿接触数字媒介，将2—5岁儿童的屏幕时间限制在每天一小时以内，并且内容应当是成人和儿童可以一起观看的高质量节目。时刻谨记，童年早期是儿童大脑发育、建立安全关系和培养健康行为的关键时期。

健康的游戏经验为儿童的大脑发育以及未来的所有关系和学习奠定基础。在童年时期参与游戏活动能够支持儿童在做中学，从而促进他们的身体、情感、社会性和认知能力的发展。健康成长与发展的基础就像建造桥梁一样，结构的稳定性取决于坚实的地基。为了在童年时期打下稳固的基础，你需要有更宏大的图景，了解让儿童成为出色的成人所必需的经验、技能和能力。

游戏

"游戏似乎打开了心灵的另一部分,那部分一直存在,但从童年起,它可能就被封闭起来,难以触及。当我们认真地对待儿童的游戏时,我们就在帮助儿童感受创新精神中蕴含的快乐。我们也在帮助自己保持与创新精神的联系。我们游戏时玩的东西和帮助我们游戏的人,都对我们的生活影响巨大。"(F. Rogers, 2003, p. 83)

年幼的儿童在自我主导的游戏中学得最好,来自科学、心理学、医学、人类学和历史学的大量证据支持这一事实。自由游戏充实着儿童的生活,它们是令人愉快的,具有自我激励作用,充满想象力、创造力,是儿童自发的且不受成人强加的特定目标控制的游戏。对家长和教育者来说,一个关键的知识是,游戏是儿童最重要的学习方式。这里的"游戏",指的是不受成人干扰和掌控的、由儿童主导的经验。我们为这样一类成人而忧虑,他们在儿童游戏的时候通过问一些考试一样的问题来打断儿童的游戏,比如"这是什么颜色?"或者"这是什么形状?"。他们似乎是要抓住每一个瞬间,把它变成教育机会。想想这样一个场景:家长和孩子一起在公园里玩,孩子开心地给熊猫玩具建造一个栖息地。这时,家长开始问孩子:"它住在哪里?是什么颜色的?有多少条腿?"可怜的孩子因此而无法放松地好好玩熊猫玩具。我们的导师贝夫·博斯(Bev Bos)分享了一个宝贵的智慧,那就是永远不要问孩子你可以回答的问题。有一次,一名教师问一个3岁的男孩他使用的是什么颜色,男孩回答:"你是我的老师,你不知道这是蓝色吗?"这种问题本质上是浅薄且封闭的,它只有一个正确的答案,限制儿童深入进行批判性思考,而且这种问题会妨碍儿童的游戏。

作为早期教育专业的教授,多年来我们发现,成人并没有清楚地理解游戏到底是什么。大部分成人把由成人和时间支配的活动视作游戏,而事实上这种活动并不能达到游戏的标准。让我们来看看游戏到底是什么,以及游戏对儿童的价值。

游戏是什么

虽然游戏是引人入胜的、强有力的、迷人的,但是它复杂且多面的本质让它并不那么容易被定义。事实上,游戏没有一个统一的定义,但有一些特征使它与其他行为区别开来。游戏专家把以下特征纳入他们对游戏的定义中(Herron & Sutton-Smith, 1971; Brown, 2009; Gray, 2013)。

- 游戏是儿童自由选择的,它是一种自我选择、自我主导的对自由的表达。游戏是儿童做自己想做的事,而不是做被要求做的事。
- 游戏受内在动机的驱动,它本身就是迷人的、令人满足的。游戏本身就是一种奖

励。儿童玩游戏是因为它本身使人感到满足和高兴,而不是因为任何外在的奖励。
- 游戏是过程取向的,是为了游戏而游戏。游戏的重点是儿童的参与,而不是最终的结果或成果。
- 游戏对参与者而言是有趣的、令人愉悦的和迷人的。积极的情绪表达,如微笑、大笑,常常伴随游戏。
- 游戏是假想的。在游戏中,儿童可以把现实悬置,改变物品、动作和情境来适应他们的想象。游戏是假装的,儿童可以在游戏进程中协商游戏的情节、背景、角色和冲突,因为它不受现实的局限。
- 游戏是活跃的,涉及儿童与物品、奇思妙想和人的动态互动。我们的感官、身体技能和智力都会参与游戏过程。

为什么游戏很重要

学习

游戏是帮助我们吸收所学、所知、所感的过程。早期教育专家埃丽卡·克里斯塔基斯(Erica Christakis,2016a,p. 146)说:"游戏是人类认知、情绪健康和社会行为的基本构成要素。游戏提升记忆能力,并帮助儿童在头脑中学习解决数学问题,帮助他们学习轮流、控制冲动和进行复杂的语言表达。"

发展

游戏能够反映儿童的发展，也能促进和引起儿童的发展。例如，一名儿童在游戏时会展现其在身体、社会性、情感和认知方面的发展。当他使用以往获得的能力和技能来掌控游戏、练习新的技能以及创造性地使用技能时，游戏促进了他的发展。当他的理解力、推理能力和处理信息能力在游戏中发生了质变时，这说明游戏引起了儿童的发展。

健康与幸福

美国儿科学会对儿童游戏的减少感到担忧，它建议所有儿童都拥有丰富的、不受时间限制的、独立的非屏幕时间，进而去创造、反思和放松（Ginsburg，2007）。游戏"是儿童获得健康身体和幸福生活的关键，它促进儿童的创造力、想象力、自信心、自我效能感以及身体、社会性、认知、情感技能的发展"（Committee on the Rights of the Child，2013）。游戏也是儿童的最佳学习方式，它还能有效地抵御社会强加给儿童的紧张和压力（S. Brown，2009）。通过游戏，儿童获得了在不确定的未来茁壮成长的能力。

技能习得

对年幼的儿童而言，游戏与学习之间有着强有力的联系。当儿童游戏时，他们在不同的情境中以不同的方式运用自己的能力、知识和认识。美国心理学和教育学研究者戴维·埃尔金德（David Elkind，2008，p.1）认为，"通过游戏，儿童创造新的学习经验，正是这些自我创造的经验让他们获得了通过其他方式无法获得的社会性、情感和思维技能"。

意义建构

通过自由选择的游戏，儿童学习概念、验证想法、确定理论和发展技能。当儿童沉浸在游戏中时，他们会自然地在世界中建构意义，发展未来学习所需要的探究技能（Pistorova & Slutsky，2017）。

充分发挥潜能

如果儿童要充分发挥自己的潜能，那么童年早期的游戏必不可少。使用开放性材料愉快地游戏能够唤醒儿童的潜能，因为它将发展儿童的创造力、想象力，增强儿童的愉悦感，而愉悦感是儿童的自尊心和健康发展所必需的。国际游戏协会（International Play Association）在《儿童游戏权利声明》（Declaration of the Child's

Right to Play）中写道，"游戏，与营养、健康、庇护、教育等基本需求一样，对所有儿童的潜能发展极其重要"（2008）。

游戏之死

在过去的数十年中，有一场持续致力于改善儿童学业表现的运动，它导致学业学习被纳入学龄前教育，从而减少了游戏。幼儿被要求完成越来越多的任务，而这些任务曾经是给学前班或者一年级儿童准备的。埃丽卡·克里斯塔基斯提出，"对问责的关注导致了一系列促成肤浅模仿和记忆行为的方法，比如学习单词表、认识形状与颜色……贬低了复杂的整合性学习的价值"（2016b）。

在童年联盟（Alliance for Childhood）的一份报告中，研究者记载了幼儿园的教育实践在过去10~20年发生的变化。他们描述道："如今的儿童用在读写和数学方面的学习和测试时间远远多于用在游戏和探索、锻炼身体及发挥想象力方面的时间……许多儿童使出浑身解数，努力达到不适宜他们发展的学业目标。"（Miller & Almon，2009，p. 15）研究者、教育者和作家都认为，这一做法似乎忽视了有关儿童如何才能学得最好的研究。

四十年来，戴维·埃尔金德一直都在提醒家长、教育者和健康专业人士关于太用力、太快、太超前地催促儿童成长所带来的毁灭性影响。儿童在我们催促他们快点结束童年时会受到伤害。用力催促儿童成长是有害的，因为它给儿童带来了巨大的压力，阻碍了儿童的正常发展。埃尔金德强调，成人支持并保护儿童不受越来越早地教授技能这一可怕趋势的侵害很重要。

在《密室》(The Hiding Place, 1971)中，柯丽·邓·波姆（Corrie ten Boom）回忆了她的父亲避免她学习太多、太超前、太快的故事。在一列从荷兰阿姆斯特丹始发的火车上，柯丽问了父亲一个问题，父亲认为她还太小，无法完全理解这个问题的答案。他认真地思考了一会儿，然后问柯丽等一下能不能把他的行李箱拿下火车。柯丽试着把箱子拿起来，但失败了，她说："太重了。"父亲回答："是的，如果一个父亲让自己的小女儿拿这么重的行李，那么他一定是一个很糟糕的父亲。就知识来说也是一样。有的知识对儿童来说太'重'了。当你更强大的时候，你才能'拿'得动。至于现在，你必须信任我，让我帮你拿着。"幼儿通常看起来能够承担学习知识、浏览媒介或者参与课外活动等形式的重担，但是我们需要质疑他们是不是真的能很好地处理这些？持续多长时间？是否确实有必要让他们现在来做这些事情？

家庭面对的挑战

养育子女是最有意义、最有回报的工作之一，但并非没有考验。在保护并引导孩子的身体、情感、社会性、智力和精神方面的发展时，家长会面临矛盾的信息、超负荷的日程表、有限的资金等严峻问题。家庭教育的目的也许是教儿童变得独立、能干，有回弹力、解决问题的能力和道德感。但是，家庭和社会的最大任务之一是保护童年。而在执行这个任务的道路上，没有捷径可走，必须要战胜很多挑战。

矛盾的信息

家长想给儿童提供最好的一切，但是他们往往面临着多如牛毛且令人困惑的建议与信息。比如，他们想让孩子在进入学校之前做好准备，但这到底是什么意思呢？有些信息来自出于好意的群体，比如政策制定者和管理者，他们督促儿童学习学业课程。有些信息来自亲戚、朋友和邻居，他们每个人都有关于教育的强烈建议。商店里也充满了促进儿童成长和学习的教育玩具。家长还受到大众传媒、数字媒体和社交媒体的影响。媒体对家庭教育有强大的作用，家长可接触到的互联网资源与日俱增。此外，大量的教育文献和数字沟通平台有助于家长形成在线社区，共享信息、观点和其他内容。帮助儿童为未来做好准备的不同观点和方法不计其数，以至于家长被建议淹没，不确定应该相信什么。作为早期教育专业人士，我们知道，越来越早地教授儿童技能的趋势是危险的。儿童需要慢下来，与他人建立联系，寻找内在动机和自己的兴趣。生活是融入世界和寻找其中的个人意义，不管那个意义是什么。

有限的时间

在忙碌的生活中，我们所拥有的时间并不多。我们一天中有太多的任务要完成。家长在工作、家务、孩子的课外活动和其他责任之间来回奔波。然而，非结构化的时间对降低压力、补充能量、理清思路以及培养创造力和自主性非常关键。当我们参与令人愉悦的活动时，时间会消逝得很快。想一想，当你沉浸于阅读一本好书、看一部迷人的电影或与朋友在一起时，时间过得有多快。当你的大脑被令人愉悦的事情吸引时，你不会思考时间的流逝。因此，儿童需要不受打扰的大块时间，而更多的时间往往能够造就更复杂的游戏。复杂的游戏情节和场景需要几小时甚至几天来完成。在一所新西兰的学校里，我们发现，仙女游戏持续了好几年，从一批学龄前儿童那里传到了下一批。每一群新来的儿童都会通过改造王国、从家里带来宝物、讲故事和为仙女制作礼物来延续这个游戏。

儿童通过探索和与环境互动来学习。当他们有充分的时间去探索、做决定和追寻自己的兴趣时，他们会保持强烈的好奇心。儿童需要大量的时间反思和运用想象力。对儿童而言，学习是受内在动机驱动的。儿童通过惊奇感、愉悦感、关系和游戏来建立有意义的联系。家庭为儿童提供了完美的机会，创造了让学习自然发生的空间。

财务限制

消费主义包围了我们的日常生活。如今的儿童面对着数量庞大的产品，这些产品通过社交媒介和电视直接向儿童做广告。家长可能迫于压力而购买那些宣称能够挑战儿童的智力，以及发展他们的想象力、动作技能和社交技能的教育玩具，从而为儿童入学做准备。预算总是有限的，家长可能想给儿童买昂贵的商业玩具，但往往负担不起。虽然家长是出于好意，但许多购买来的玩具很少需要儿童与之互动，也不需要儿童运用想象力。它们是经不起时间考验的潮流。所幸的是，我们的家里随处可见免费的、独一无二的、强调创造力的物品。你只需要打开一个抽屉，就能找到可以引发儿童的想象力和兴趣的材料。

回忆和重拾童年

我7岁时，第一次和爷爷、贝蒂表姐一起去格雷伊猎犬赛场。赛场的氛围大部分时候不适合儿童，但是我们两个女孩在赛场上度过了非凡的时光。我们就像《夏洛的网》(*Charlotte's Web*)里那只集市上的老鼠坦普尔顿一样：赛场就是我们的自助大餐。贝蒂和我盘腿坐在脏兮兮的路上，收集上百张被丢弃的比赛门票。我们完全被那些卡片迷住了。她和我一起一遍遍地摆放、分类、堆叠和排列它们。卡片变成了"刮刀"，我们用它们在泥巴路上创造复杂的图案。到了离开赛场的时间，我们在兜里塞满一叠卡片带回爷爷家，然后再花上几小时甚至几天创造新的游戏。有趣的是，我们从来没有把这些卡片用作它们本来的用途：打赌。我不知道，对大人来说这些卡片为什么有吸引力，但是我知道玩这些卡片给7岁的我们带来了极大的快乐和满足。

——莉萨·戴利（Lisa Daly）

回忆你自己的童年和那些让你着迷的事物，是制作泥巴派、跑过洒水车、寻找昆虫还是玩捉迷藏游戏？我们的童年游戏通常涉及冒险，比如从山地自行车上跳下来，在小溪里捉蝌蚪，或者建一个大树堡垒。大多数情况下，都没有成人监管我们的冒险行为。无人照看我们，我们和不同年龄的邻居小伙伴一起四处游荡直到晚餐时间。对我们大多数人来说，这些事情发生在多年以前了，但它们仍然深深地扎根在我们的脑海里，我们仍然可以清楚地回忆起童年时简单的快乐时光。有一件事是确定的：儿时的我们没有到互联网上寻找适合儿童在夏天做的事情。我们自主创造属于自己的游戏情节，用的是找来的材料，如废弃的夹板、玻璃瓶、汽车轮胎和木制栈板。

作为成人，我们也许应当慢下来，重新找回我们还是孩子时对简单事物的迷恋，重新充满兴奋、惊奇和灵感。童年应该是探索、参与和惊奇的时间，这比一切都重要。难道我们不想让每个儿童都有这种快乐的童年吗？许多家长和教育者都生动地描述了自己的童年游戏记忆，但面对孩子时似乎选择了忽视游戏的价值、抗拒孩子的游戏经验，更倾向于让他们参加结构化的活动。儿童也许有能力完成计划好的学业任务，比如早期阅读，但这样做有益于儿童吗？它的代价是什么？

儿童需要被允许成为儿童。他们需要空间来奔跑、跳跃、攀爬、躲藏、大喊和创造。这些对儿童而言都是重要的经验，但是如今的很多儿童很少有机会做儿童应该做的事情。他们生活在被控制的环境里；他们的父母充满压力、超负荷工作、感到劳累；他们面对着严格的时间表和学业标准要求。顶着这些压力呼唤重拾童年并不是一项容易的任务，但是儿童需要拥有大量的时间、空间和低结构材料进行探索、感到惊奇以及进行想象、探究和冒险，从而茁壮成长。这些免费易得的、奇妙的低结构材料可以帮助儿童在游戏中健康成长和发挥全部的潜能，它们被称为"开放性材料"（loose parts）。

什么是开放性材料

开放性材料本质上是低结构的材料。它们为儿童提供了许多与其互动的方式，这些方式因儿童玩材料的经验不同而不同。因为开放性材料没有使用规范，所以它们可以被灵活地使用。例如，一个硬纸盒可以被用于建一座塔、钻进去躲起来、运输材料或者建造一个玩具屋、一只恐龙。安托瓦尼特·波蒂斯（Antoinette Portis）在其经典著作《不是箱子》(Not a Box，2006)中写道，箱子并不总是箱子。一个箱子可以是一个机器人、一个热气球、一辆消防车、一座山或者一辆跑车，等等。波蒂斯捕捉到了平常的事物是如何被使用者的创造力改造的。相比之下，封闭性材料只能让儿童按照脚本来使用。例如：一个迷宫只有一条解谜的路径，一个活灵活现的动物玩具很难被想象成其他事物。封闭性材料也许可以帮助儿童建立掌控感，但是它们有限的特性——不需要儿童采取行动或者调动想象力——往往使儿童感到无聊或者沮丧。儿童需要可以对其施加影响的物品。你还记得，自己小时候让想象力驰骋，用独特的方式使用所发现的材料吗？也许，你清楚地记得曾把一个大电器盒变成一艘潜水艇、一条隧道、一个藏身之处或者一家洗车店。也许，你把盒子压扁，然后把它当成一个雪橇从长满草的小土丘上滑下去，或者把它变成一个盾牌。创造力需要的只是我们的想象力和开放性材料。

身边便宜的材料

大部分开放性材料都可以在家里的车库、抽屉、储物柜和大自然中找到。车库里装满了木制零件和各种螺栓。厨房的抽屉里有瓶瓶罐罐、平底锅和小托盘。储物柜里可能有帆布、丝带、纽扣或者毛巾。大自然是松果、橡子、漂流木的来源。获得免费开放性材料的最佳方式，是询问家长和朋友家里是否有闲置物品。意料之外的免费材料，比如空的电线盒子或者用来放在玻璃制品之间起保护作用的硬纸圈，都可以在商店的走廊里找到。便宜的开放性材料可以从二手店及折扣店里寻找，这些地方以较低的价格出售有趣的材料。社区中的一些店铺专门从当地企业那里收集不寻常的或者被丢弃的材料，然后以折扣价出售，并常常把利润捐赠给社区。对成人和儿童来说，在意料之外的地方寻找奇妙的材料意味着重新发现我们周围世界的复杂和美丽之处。

可升级改造的材料

开放性材料是用各种不同的东西制作的可持续升级改造的材料。它们不会破坏自然资源，可以被一次又一次地使用，因此是对有限资源的明智使用方式，有利于促进个人积极主动地做出有效的选择并采取行动。可升级改造的物品和可回收利用的物品不同。可回收利用指的是改变或者处理旧纸、玻璃、铁罐或者塑料等，把它们变成新的产品，以便它们可以被再次使用。可升级改造指的是以新的、创造性的目的再次使用物品。例如：把旧的录像机架变成织布机，把木制置物架变成托盘，或者用松饼烤盘来分类和摆放海玻璃[①]。

开放性材料的起源

"开放性材料"一词最早由英国建筑师西蒙·尼科尔森（Simon Nicholson）于1971年提出。他相信，如果给予人们材料和进行实验、探索进而形成新概念的机会，那么每个人都有创造和发明的潜力。尼科尔森为我们提供了一些富有深刻见解的建议。

开放性材料是可变的

尼科尔森用"开放性材料"表示能够以多种方式使用和操作的低结构材料。他对开放性材料的定义甚至超越了低结构材料的涵盖范围，扩展至对化学作用、重力、运动、声音、词语游戏、概念和想法的体验等。在有多种开放性材料的空间里，游戏和学习的可能性是无穷无尽的。林地部落（Woodland Tribe）是英格兰的一个非营利性组织，致力于推广富含开放性材料的冒险游乐场，它描述了儿童如何创造"令人难以置信的结构和空间，这些结构和空间是非永久的，充满着不确定性和可能性，总是很好玩，每一时刻、每一天都在发生有机的变化"（2018）。然而，许多为儿童创建的游乐场并不像林地部落所描述的那样。它们是干净的、静态的，留给儿童使用想象力和以自己渴求的方式操作物品的可能性少之又少。

开放性材料与空间设计

尼科尔森提出，建造儿童游戏场所的专业建筑师、设计者和建筑工人体验了所有的快乐。在设计迷人的游戏场所的过程中，在决定位置、家具和材料时，他们体验了愉悦感、创造力、成就感和创新精神。因此，他们已经从儿童那里"偷走"了乐

---

① 在海里或海滩上经过海水和海沙长期打磨后失去棱角，变得如同鹅卵石般圆滑的人工废弃玻璃。——译者注

趣和创造力。在一个可以愉快地探索和发现的环境里,孩子们能够轻松地学习。他们需要开放性材料和机会来创设游戏环境。

  对加拿大不列颠哥伦比亚省温哥华地区户外游戏场所长达五年的研究发现,"包含可以让儿童操作的沙子、水、鹅卵石、泥巴、植物等开放性材料的户外环境,与不含这些元素的环境相比,能够为儿童提供更多的发展和游戏机会"(Herrington et al.,2007,p. 10)。棉绒一代(cotton-wool generation)指的是 21 世纪早期的儿童和青少年,由于成长过程中被过度保护,他们可能没有太多机会自由地操控游戏场地并在其中玩耍。林地部落的创始人汤姆·威廉姆斯(Tom Williams)指出,"在我们的棉绒社会里,儿童常常不习惯于大量的自由和控制。但是我们坚定地相信,当儿童积极地参与创造和改变一个地方时,他们就会与之建立强烈的依恋关系,他们的游戏也会更丰富、更有收获"(Woodland Tribe,2018)。成人可以在教室和家里为儿童提供安全和富有创造性的空间,让他们通过玩开放性材料创造、建构、评价和变换自己的想法。

开放性材料的种类

  开放性材料由多种不同的材料组成。

- 自然材料（石头、贝壳、种子荚）
- 纸（报纸、盒子、纸筒）
- 金属（垫圈、钥匙、易拉罐）
- 塑料（杯子、管子、瓶盖）
- 织物（丝带、布、毛巾）
- 木头（线轴、模具、枫木环）
- 玻璃（餐巾环、海玻璃）
- 橡胶或硅胶（厨具、蛋糕模具、三脚架）

开放性材料的功能

开放性材料可以根据物品的功能进行归类。

- 连接（线、绳子、夹子）
- 拆分（螺母和螺栓）
- 搬运（容器、袋子、水桶）
- 制造噪声（易拉罐、勺子、葫芦）
- 旋转（打蛋器、螺母和螺栓）
- 围合（盒子、带盖的易拉罐、板条箱）
- 包裹（毛毯、围巾、毛巾）
- 插入（毛根、钥匙和锁）
- 烹饪（锅碗瓢盆）
- 管道和供电用品（管子、配件、电线）
- 变换（颜料、面团、黏土、水、沙子、装扮材料）

玩开放性材料的价值

游戏是儿童获得乐趣和积极学习的最强有力来源，它作为一个综合的过程将整合儿童的所学、所知、所感等。当儿童玩开放性材料时，他们探索感受、关系和想法。游戏最主要的"原料"包括时间、空间，以及简单的、具有启发性的、可改变的材料——换句话说，就是开放性材料。在一些自发的游戏中，儿童能够运用并增长他们关于新奇、冒险、探究和练习的个人经验。使用开放性材料进行试误学习，是最佳的游戏形式。当儿童沉浸在学习中时，他们会更深刻地理解概念。自由游戏有助于提高儿童的能力，促进他们积极学习并支持他们的情感、社会性、认知、身体和创造力的发展。

提高能力

当儿童玩开放性材料时，他们能够独自或和他人一起探索新的材料、建造小屋、创编故事、运动、制造声音、雕刻模型、创造图案和扮演不同的角色。在这种游戏中，儿童练习和发展以下核心能力。

- 沟通
- 合作
- 协调动作
- 批判性思考
- 讨论
- 参与
- 评估
- 实验
- 探索
- 专注
- 规划
- 倾听
- 协商
- 注意
- 坚持
- 预测
- 解决问题
- 质疑
- 反思
- 回应
- 自我管理
- 好奇
- 调查

积极学习

儿童的学习是极度综合的，涉及思想、身体和精神的所有方面。儿童只有在全身心积极投入的时候才能学得最好。他们需要通过视觉、嗅觉、听觉、味觉和触觉来探索材料，在自己的世界里创造意义。开放性材料是儿童积极学习的关键要素，因为儿童可以按照自己希望的方式来使用它们。直接经验有助于儿童建构能力、知识和理解力，支持儿童未来的学习。积极玩开放性材料有助于儿童获得情感、社会性、认知和身体发展，促进他们的语言表达、读写和沟通能力，支持他们的逻辑数学思维能力和创造性学习与发展。玩开放性材料也有助于儿童获得积极的心态，表达对新习得的技能和能力的理解，并巩固学习。

理解玩开放性材料如何促进儿童的成长和发展，可以帮助你选择恰当的材料和经验来回应儿童的需求。开放性材料是多功能的、适应性强的，这使得它们成为促进儿童学习与发展的理想材料。它们的用处是无限的。比如，一条围巾可以把儿童变成新娘或者超人，还可以在游戏情境中代表水。开放性材料的适应性很强，它们可以在不同的层次被使用，复杂程度逐渐上升。所以，它们又具有渐进式使用特点。比如，黏土可以被用来捣、挤、戳，当儿童使用模具的自信心和能力得到提升以后，它还可以被雕塑成海龟。

情感发展

情感发展聚焦于儿童体验、处理和调控情感，建立安全的关系、自信心与胜任力。通过游戏，儿童获得了协商冲突、延迟满足、保持灵活性、应对失望和发展同理心等情感能力（Christakis，2016a）。

玩开放性材料给儿童提供了应对担忧、需求和恐惧的机会。它赋予儿童控制材料的力量，以及管理环境和冲动的方法。儿童在与开放性材料互动时，能够克服恐惧、正视挑战、解决冲突和理解令人困惑的情景。例如，劳拉4岁的女儿伊莎贝尔对家附近发生的火灾表示担忧。为了帮助她表达感受，劳拉在花园的桌子上摆放了不同种类的自然材料——棍子、叶子、松果和石头等——让伊莎贝尔进行探索。当伊莎贝尔用它们进行创造时，她坐下来观察、倾听和询问。伊莎贝尔把小石头放在桌子中间，然后用细枝和叶子将其覆盖。她解释道，着火了，动物们需要得到保护。玩自然材料让伊莎贝尔有机会探索自己的想法和情感，因为她可以用有形的方式来表达自己的恐惧。劳拉在了解了伊莎贝尔在游戏中表现出的担忧以后，可以有效地与女儿交谈。

社会性发展

社会性发展是指建立安全的关系、理解他人的问题、积极与同龄人互动、建立友谊、拥有同理心、与他人合作、关心他人的福祉与权利等。儿童社会性发展最主要的方式之一，是通过与同龄人的游戏和互动发展沟通技能。当儿童和教师、亲人、朋友以及游戏伙伴玩开放性材料时，他们就能发展社交语言。社交语言包括加入和参与小组游戏，发起、保持和结束对话，以及使用恰当的身体语言和语调——所有这些都会在自由游戏中产生。当儿童探索时，他们学习了解他人的意识以及理解和包容他人的观点。通过在社会—道德两难情境中与游戏伙伴互动，他们学习通过分析他人的观点做出明智的选择（DeVries & Zan，2012）。当儿童决定由谁来扮演妈妈或者小狗的时候，或者决定如何避免水流冲垮"沙子城堡"时，他们就在发展协商和合作能力。通过与支持性的、有能力倾听他人想法的同龄人互动，他们将培养社交能力。当年长的游戏伙伴支持年幼的儿童，帮助他们寻找和挖掘岩石时，公平和平等的概念就会得以展现。

认知发展

认知发展是指思考、推理、记忆和沟通能力的发展。它围绕象征性思维、问题解决、因果关系和空间关系展开。当儿童探索和了解世界的时候，他们会调整自己的认识。儿童玩开放性材料时摆弄和探索周围的一切，这将支持他们建构概念性知识。抽象或者象征性思维的发展是童年早期认知发展最重要的方面之一。抽象思维的基础在游戏中建构，体现为儿童越来越多地以不同寻常的方式使用某些物品，超越它们的传统用途。

象征性思维

儿童常常在想象性游戏中展现象征性思维。例如，他们计划在后院发射一架想象中的航天飞机，他们把找到的一块胶合板当作发射台，把板条箱当作航天飞机里的座椅，把一个旧计算机键盘当作控制台，把一条床单当作航天飞机着陆时的降落伞。

问题解决

问题解决能力是指评估面临的挑战并收集信息寻找解决方案的能力。如果一名儿童能够回忆起先前的经验，并在尝试解决一个新问题的过程中运用这一经验，那么他的问题解决能力就得到了提升。例如，当儿童想避免双脚接触到地上想象的火山岩、把水转移到院子的另一边、把木棍聚集在一起或者让积木结构更稳固时，他们就必须解决问题。

因果关系

因果关系是指原因和结果之间的关系，它是理解事物如何彼此联系的能力。理解因果关系对儿童而言是一项重要的智力技能，因为它影响他们学习评价自己的理解是否正确和合乎逻辑（Galinsky，2010）。儿童通过直接经验、探索和发现来建构意义，看到事物之间的联系。他们天生好奇和执着，会使用开放性材料来尝试理解和掌握信息。比如：当邦妮把水倒进塑料管中时，她看见水从另一端流出去了；当她摇晃一个葫芦时，里面的干种子会哗啦啦作响；当她从不同的高度把勺子扔下去时，她看见它们落下并听见它们落地时发出的声音。

空间关系

空间概念化是指理解物品和人占据、进入或使用空间的智力能力。空间概念包括空间关系，或者人和物品在空间里的位置关系。例如，儿童在自己所建造的堡垒旁边、下面、上面、前面或者后面放一个纸管。当儿童积极操控开放性材料和自己的身体时，他们的空间理解能力就会得到增强。

身体发展

身体发展聚焦于身体的发育和控制肌肉的运动能力，由大肌肉运动能力、小肌肉运动能力以及感知觉发展组成。大肌肉运动能力发展包括控制手臂、腿部和背部的大肌肉，以便执行身体的大动作，比如爬行、走路、平衡、奔跑、攀爬和跳跃。小肌肉运动能力发展围绕手指和手掌的小肌肉展开，它们是抓握、绘画、书写以及进食、拉拉链、扣纽扣等自理技能的核心。感知觉发展指的是赋予感官信息一定的意义。儿童在探索过程中，使用味觉、触觉、听觉、视觉、嗅觉和运动觉来获得意义。当儿童装满、倾倒、转移、改变、连接和抛扔开放性材料时，他们的身体将得以发展。当儿童举起、转移和堆放岩石时，他们变得敏捷，获得力量。当儿童捡起贝壳装饰每一个岩石堆时，他们的小肌肉能力得到增强。当儿童手握岩石，感受其质地和重量，并观察每一块岩石的颜色、大小和形状时，他们的感官意识得到发展。

语言、读写和交流发展

语言和读写包括听、说、读、写、思考和观察。当儿童玩开放性材料时，他们发展接受性语言和表达性语言、词汇、沟通与对话，以及符号表征能力。儿童通过多种方式将语言和读写融入游戏。例如：伊恩用棍子书写自己的名字；森尼萨的游戏再现了她去医院看病的经历，她将两根竹棍十字交叉在一起并用鞋绑好作为医院的十字符号，然后将它放在一个建造的结构上。

接受性语言

接受性语言是指理解口语信息的能力，表达性语言则是指沟通已经理解的事情的能力。儿童需要对话的经验，以便发展这些技能。当我们在家里和教室里放满奇妙的开放性材料，比如容器、布块、纱线、垫圈、瓷砖和瓶盖时，儿童就有机会创造复杂的游戏情节。这些材料可以用多种方式进行组合和重组，它们可以被用来代表其他事物。可能性是无限的。安杰利卡的例子就是这样。她的祖父最近去世了，她用瓶盖和棍子创造了一个祖父在天堂打高尔夫球的场景，因为高尔夫球是祖父生前最喜欢的活动。接下来，她用这些物品呈现了她在卧室里发现的一只大蜘蛛。然后，绿色的瓶盖变成了卧室窗外的青蛙，那些青蛙很大声地呱呱叫，让她睡不着觉。每一次，安杰利卡都会使用语言描述她创建的场景，交流她的想法。由于开放性材料是低结构的，因此安杰利卡可以通过想象来创编故事。也许明天，瓶盖会成为兔子的食物。当处于童年早期的儿童与他人开展丰富的对话时，他们的词汇量就会快速增长（Marulis & Neuman，2010）。同时，当儿童玩声音游戏和交流想法时，他们就获得了有价值的语言练习。

相互交流

相互交流是指参与你来我往的对话。通过玩开放性材料，儿童谈论想法和概念的能力得到发展，他们在倾听他人和与他人谈话时表现出轮流的能力并学习在社会交往中使用语言。朱迪思·范霍恩（Judith Van Hoorn）、帕特里西娅·莫尼根·诺罗特（Patricia Monighan Nourot）、芭芭拉·斯凯尔斯（Barbara Scales）、基思·罗德里格斯·奥尔沃德（Keith Rodriguez Alward）主张，"扮演不同的角色并把事件排列起来讲述一个故事，为读写学习的重要方面——叙事——奠定了基础"（2007，p. 60）。叙事是对故事或者相互联系、排成序列的真实事件或想象中的事件的描述。我们可以在幼儿的游戏中看到或者听到他们的叙事。语言是儿童创造和分享叙事的关键因素。比如，乔尔把一块垒球大小的黏土放到一块不规则的树枝形状的积木上面代表一棵树。然后，他在黏土上方放了一个松果象征翼龙，又把几个小松果放在树根象征"翼龙宝宝"。他给祖母讲了一个自己精心创编的故事：翼龙的翅膀受伤了，很痛，"它的宝宝们没办法飞翔，因为它们的翅膀还很柔软"。霸王龙（一个木制晾衣夹）是翼龙的敌人，正要吃掉所有的宝宝。它们必须想办法从霸王龙的魔爪下逃脱。

符号表征

符号表征是指用一个物品代表另一个物品，它是学习阅读和书写的先决条件。我们用于阅读和书写的语言由符号组成，这些符号是思想和事物的表征。当一名儿童用一个物品代表另一个物品时，比如用一个卷起来的餐具垫代表望远镜或者用一个罐子代表帽子，就表明他理解开放性材料是代表自己所想象的真实物品的符号。一个重要的早期读写技能，是能够看见视觉符号之间的相同与差异之处（National Institute for Literacy，2009）。比如，当赫德森玩贝壳和海玻璃时，他注意到它们在颜色、质地、大小和形状方面的相似与差异之处。具备敏锐的观察技能有助于他在开始阅读时区别相似的字母和词汇模式。

符号表征的另一种形式是用声音代表各种各样的物体和行动。以基霍为例，他把一块浮木想象成一辆汽车，驾驶它比赛，他模仿车加速时发出的呜呜声以及突然刹车时轮胎发出的刺耳声音。

逻辑数学思维

对儿童的认知能力，尤其是他们的数学技能的审视，为我们理解儿童如何获得逻辑数学知识提供了一个框架。儿童在自发的开放性游戏中对数学获得最初认识。当儿童与物理世界互动时，他们便开始建构对许多基础数学概念的理解，比如数感、一一对应、分类、模式、顺序和测量。

数感

数感是指使用和理解数字的能力。然而，认识数字、说出数字完全不同于知道数字代表什么。换句话说，认识数字5和数到5很容易，但知道5代表什么有一定的挑战性，因为它要在数量和计数之间建立联系。5条围巾、5个纽扣、5个勺子看起来不同，但它们的数量都是5。当儿童开展自然游戏时，他们会获得数感的概念。比如，杰梅和妈妈准备去湖边度过开心的一天，妈妈把易拉罐、篮子、平底锅和金属勺子装到一个袋子里。到了湖边，杰梅一勺一勺专心致志地把干沙舀进易拉罐里，然后再装进一些湖水混合。她说："看，我做了两杯奶昔，一杯给你，一杯给我。"

一一对应

一一对应是指理解一组物品和另一组一样多。当儿童玩开放性材料时，这些材料本身就有助于教授一一对应的概念。比如，卢皮塔在每一个松饼罐里放了一个桉树荚，假装在烘焙纸杯蛋糕。然后，她把 4 根羽毛排成一排，并在每一根羽毛下方放了一个橡果。

分类

分类是指根据共同特征，比如颜色、大小、形状或者功能，把物品归为一组。分类的能力有助于我们整理和布置环境。想一想厨房里的物品如何被分类。勺子、叉子、刀被集中放在一个地方，每件物品都有自己的位置，杯子、盘子和碗被放在架子上。这种安排让我们很容易找到需要的物品。儿童在游戏中会自然地把物品归类。比如，一罐纽扣就很适合儿童进行分类。

模式

模式是指制造或者发现听觉、视觉或者运动规律。比如，谢里在客厅的架子上放了一篮木制线轴。这些线轴的大小不同（小、中、大），缠绕着五种不同颜色的线。3 岁的米娅主动上前玩这些线轴。在没有成人指导的情况下，她把它们按照颜色分类并数了数，然后创造了一些模式。她先创造了红色、绿色、红色、绿色的模式，然后创造了白色、黑色、黄色、白色、黑色、黄色的模式。

顺序

顺序或者排序是指根据物品之间的关系，按照逻辑顺序（如从最短到最长或者从最亮到最黑）摆放物品。比如，雅各布的妈妈在雅各布的泡澡水里放了一些塑料量杯。3 岁的雅各布先把量杯分开，然后把它们嵌套在一起，由此表现出对排序的理解。

测量

测量是指给物品的某些属性（如长度、面积或者重量）指定一定数量的单位。儿童对测量的理解从学龄前开始，此时，他们展现出根据重量、数量或者容量来比较物品的意识（Clements & Stephan，2005）。儿童在游戏时，可能会用语言描述他们对差异的理解，比如描述某些东西更轻、更短或者更重。儿童还可能拓展他们关于比较的知识，把物品一个挨一个地放好。比如，在浴缸里的时候，露丝把水来回倒进不同大小的杯子，学习测量。她仔细观察哪个杯子装得多、哪个杯子装得少，然后她的兴趣逐渐变为观察水从杯缘溢出来的过程。

创造力发展

创造力是指我们用新的方式看待事物，或者把不相关的事物结合起来创造新事物的能力。它涉及思维的灵活性和思路的拓展。当家庭和班级环境鼓励创新思维，提供令人兴奋的探索机会和吸引人的丰富材料时，儿童的创造力将会得到培养。儿童需要充足的时间和室内外空间来捣鼓、设计、交流想法和表达自己的观点。想象力是指创造目前尚不存在的想法、概念和图像的能力。在操作、探索和实验开放性材料的过程中，儿童的创造力得到提升。家庭环境是儿童探索、想象和解决问题的完美实验场。可升级改造的材料和自然材料本身就有无限的可能性。比如，一名儿童用勺子敲击倒置的易拉罐、木制沙拉碗和塑料水桶来创造音乐。随后，他假装制作"煎饼"，把"鸡蛋"（橡果）打到木制沙拉碗里，撒上一点土，加上一点水，然后用勺子搅拌这一碗糊状物。

发现和收集开放性材料

邀请儿童参与发现和收集开放性材料的过程。记住，儿童对他们可以改变和用不同方式使用的材料兴趣浓厚，所以你要在自己家和教室周围寻找无穷的"宝藏"。打开橱柜的抽屉和门寻找平常之物，你可能会发现线、勺子、纸巾、托盘、丝带和毛毡碎片。你的车库里可能有之前操作留下来的一些材料，如木片、螺丝等。邀请儿童一起收集可升级改造的材料，如易拉罐、可重复使用的容器和纸筒。你也可以去商店的走廊里寻找免费的材料，比如放苹果的箱子。你还可以去街区散步或者来一次踏青远足，并且随身带着袋子或者篮子，因为每次外出都会让你收获颇丰，如松果、桉树荚、花瓣、鹅卵石、树叶等。你可以邀请家庭成员和邻居一起寻找开放性材料，不过，你要先向他们解释开放性材料是什么。当你在家门口的台阶上看到他们收集的开放性材料时，你会大吃一惊！从旧货市场或二手店淘换的二手物品，也可以在儿童的游戏中重新焕发生机。你会发现，你不再执着于购买玩具，而是热衷于寻找具有更大游戏潜能的不寻常物品。

为开放性游戏提供空间

首先,考虑一下你家里的家庭成员和朋友聚会的房间,比如厨房、餐厅、娱乐室或者客厅。然后,想想完成日常事务和家务的地方,比如浴室、洗衣房和办公室。思考室内不寻常的地方和隐蔽空间,比如入口通道、走廊、桌子下面、楼梯间或者隐蔽的角落。以上任何地方都可以通过摆放开放性材料,或者用一块放置物品的小地毯或托盘定义空间,使之成为游戏区域。在这些地方放置不同种类的开放性材料,从而使儿童获得不同的游戏经验。

带着开放性材料去户外

花园、草地和户外隐蔽的地方随时欢迎儿童玩开放性材料。你可以把沙子、水和泥土等材料投放到户外空间,让儿童练习控制材料和游戏。你可以为儿童创造迷人的户外空间。比如,把一张低矮的桌子改造成一个泥巴厨房,并放上锅碗瓢盆、水和泥巴等供儿童操作。利用轮胎、手推车或者种植箱创设一个玩沙区,并提供勺子和小桶用来装沙和倒沙,或者提供贝壳和石头用来掩埋和收集。此外,地毯和枕头是创造舒适的休息区的完美资源。儿童可以使用里面的开放性材料创编故事或者设计图案。

家庭郊游和幼儿园组织的实地考察活动,为儿童玩开放性材料提供了额外的机会。不需要提前准备,因为儿童沿途遇到的浮木、岩石、松果、棍子等就能提供无限的乐趣。你也许想把这些开放性材料收集起来,可以使用小桶和铁铲等。

整理开放性材料

你家里或教室里的开放性材料可能会淹没整个空间,变成一场视觉噩梦。当然,它们也可以让空间变得温馨和舒适。你的家体现了你的设计风格、价值观、文化和家庭故事;开放性材料可以提供相似的视觉感染力与功能。为了创设令人愉悦的环境,与你的家庭装饰相辅相成,让带给你愉悦感和反映你所处文化的、美丽的开放性材料和容器环绕你。用自然材料以及质地与颜色丰富的真实物品填满空间,同时使用摆放策略有助于减少房间的杂乱。在整理开放性材料时,要合理利用空间,安放开放性材料。比如,低矮的抽屉或者橱柜就是摆放厨房用具和容器的完美之处,能够将材料藏在视线之外。可以将开放性材料储存在置物架的最底层,或放进一个篮子、盒子、托盘里,这十分吸引人。以下内容可供参考。

容器

- 存储盒
- 篮子
- 鞋盒
- 易拉罐
- 带盖的瓶子
- 文具盒
- 餐盘
- 有分隔槽的盒子
- 水桶
- 板条箱
- 茶盒
- 吊篮
- 杂志架
- 花盆

壁挂

- 展示架
- 挂钩
- 毛巾架
- 墙架/货架
- 淋浴篮子
- 磁力板

家具

- 工作台
- 盆栽台
- 电视架
- 咖啡桌
- 鞋柜
- 储物箱
- 储物凳
- 置物架
- 床头柜
- 橱柜
- 酒柜
- 抽屉

获得开放性材料

为了培养儿童的独立性，可以挑选易于儿童使用的空间和容器。开放、浅口的容器便于儿童看见里面有什么，放置在低矮的置物架或者地板上的材料要在儿童伸手可及的范围。避免使用深口的容器，因为它们会变成儿童随手把材料扔进去的垃圾桶。这种容器也让儿童很难看见和找到他们需要的材料。另外，开放性材料应该被放在便于儿童取用的地方。例如：把锅、果汁瓶盖和勺子放在低矮的厨房抽屉里，便于儿童拉开；把卷起来的毛巾或者小毯子放到沙发旁边的篮子里，用来建造城堡；在卧室的镜子旁放一个打开的手提袋，里面有围巾和人造珠宝，有助于儿童开展想象性游戏。

避免太多开放性材料

开放性材料太多可能会给儿童带来过度的压力和刺激;开放性材料太少则会令儿童感到沮丧,限制他们游戏的机会。解决的办法是,提供数量适宜的开放性材料。根据我以往的经验,提供大量同样的材料比提供少量多种材料更好。比如,一大桶瓶盖带来的设计、分类、创造模式和排列的机会,比少量的瓶盖、棍子和衣架所能提供的机会多。

考虑开放性材料的游戏可能性

儿童想玩可以被搬运、填满、倾倒、收集、抛扔、嵌入和滚动的回应性材料。他们会被新的机会迷住。思考一下儿童会用手头的材料做什么,并投放开放性材料来创造更多的游戏可能性。例如,如果儿童可以接触到一盆水,那么他们可能会拍打水花或者把水全部倒出来。然而,如果你在盆里面加入一些量杯,他们就可能把量杯装满水再倒出来,并长时间地沉迷其中。如果你再提供漏斗或者滤网让他们观察水滴落下来,那么他们的参与时间还会延长。如果儿童有两个同样大小的碗,那么他们可能会用一个碗敲击另一个碗,或者尝试把一个碗装进另一个碗里并以失败告终。但是,如果你增添可嵌套的碗,那么儿童的兴趣就会变为不断地把一个碗放入另一个碗中,然后分开它们。如果你再提供一个木制勺子,他们就可以用勺子敲碗来制造声音了。

确保开放性材料安全且健康

我们尤其需要考虑开放性材料的安全问题。开放性材料一般而言都是生活中现成的材料,因此我们需要采取额外的预防措施,评估开放性材料的尺寸、耐久性和年龄适宜性等安全因素。成人永远要保护儿童免受身体伤害。我们要注意儿童发展水平的差异。例如,婴儿倾向于把小物件放到嘴里,这可能导致他们窒息。保护儿童的安全是常识。我们要检查并确保物件没有可能掉落的细小部分,以免存在导致儿童窒息的危险。永远不要允许孩子玩含铅或者其他有毒化学物质的物品。但是我们也要知道,儿童需要冒险才能发挥全部潜能。家庭和教室环境必须在没有危险的情况下挑战儿童。冒险和危险不同,理想的情况是,消除危险但留下那些允许儿童冒险的元素。记住,最好的安全预防是成人的监护。

促进家庭参与

早期教育者在促进家庭参与方面发挥着重要作用，可以通过让家庭成员感到受欢迎以及定期与他们沟通等方式，创设尊重每个家庭的种族、语言、文化和结构的环境。开放性材料提供了一个绝佳的家庭参与途径，扮演家庭和学校之间无价的中介。教育者、家庭参与专家和家访员会发现本书的内容对于他们的工作尤其有帮助。本书提供了可与家庭分享的丰富创意，这些创意有助于建立连接、支持学习和深化参与。当家长知道花钱买昂贵的玩具对儿童的学习并非必需时，他们通常会感到如释重负。他们很高兴地发现，厨房里的碗柜和抽屉中的锅碗瓢盆就是完美的教育玩具。在家长工作中，我们经常听到家长说："我小时候就是那么玩的，可我从没想过给我的孩子锅碗瓢盆。"

我们敦促教育者和家庭教育指导专家在家长会上为家长们介绍开放性材料，让他们玩那些材料，直接体验开放性游戏的价值。他们在玩开放性材料的过程中学到了或者实现了什么？当他们玩开放性材料的时候，鼓励他们分享他们所体验到的有关批判性思维的心智倾向：好奇心、坚持性、灵活性、反思和合作。提供一个清单，列出家长在家里或者社区常见的材料，邀请他们发现开放性材料。可以把本书作为家庭资源，因为所有的照片都是在家庭环境中拍摄的，其中包括了许多常见的家居用品。

家访员可以在家访的过程中和家长合作，寻找家里可用的材料。例如，如果家访员带来面团让儿童探索，那就打开橱柜门和抽屉寻找擀面杖、马铃薯搅碎机或者饼干模具。如果儿童对嵌套感兴趣，那么我们就寻找套嵌物，如量杯或者量碗。我们也可以在燕麦盒或者鞋盒顶部开一个口，让儿童往里面塞塑料瓶盖。在随后的家访中，家访员可以为儿童带一些毛根，让他们把毛根插入厨房蔬菜过滤器或者塑料高尔夫球里。家访是家访员和家长对话的完美机会，家访员可以在儿童玩开放性材料时和家长讨论儿童的兴趣和能力。家访员带来的开放性材料可以留下来支持和拓展儿童的学习，家访员还可以就其他家居用品如何用于游戏提出自己的建议，并在下一次家访时回顾这些学习机会，同时带来不同的开放性材料，支持儿童的兴趣。

家中支持游戏的开放性材料

- 厨房（量杯、碗、勺子）
- 浴室（海绵、管子、杯子）
- 卧室（织物、用于讲故事的线轴）

- 客厅（毯子、毛巾）
- 户外（沙子、水、泥土、易拉罐）

鼓励家长为教室贡献开放性材料是另一种形式的家庭参与。给家长写一封关于开放性材料的信，告诉他们你的教室里需要哪些开放性材料。你可以列一张清单，包含木片、容器盖、钥匙、瓶盖、丝带等材料。给儿童一个小纸袋，让他们从家里带来一些零碎的东西。当儿童做贡献的时候，他们会获得主人翁感和自豪感。这样做也传达了一个信息，即他们的家庭受到重视。

给家长写一封信，鼓励他们把开放性材料作为孩子的生日礼物或者假日礼物。家长可能不会想到给婴儿一块洗碗巾或者一个硅胶蛋糕模具让他们拍打或抓握，或者给学前儿童家庭自制的原木片让他们堆叠或想象。当孩子们还小时，莉萨曾经把量杯、勺子、漏斗、水桶和一张关于如何加水的小纸条作为一份生日礼物送给他们。莉萨后来说，她一开始觉得这个礼物很奇怪，但是当孩子在后院的露台上花很长时间坚持装水、倒水后，她感到很高兴。

我们对你的希望

在这个持续变化的世界中，我们希望本书为你的儿童教育工作和家长工作带来安慰、信心和鼓励。我们想让你理解，促进儿童的学业发展，不需要你在昂贵的教具上花很多钱。有一些免费的材料提供了多样的游戏可能性，有助于促进儿童的智力发展，甚至具有更多的学习价值。请记住，儿童在生活中要取得成功所需要的不仅仅是知识学习，还包括情感、社会性、身体、创造性方面的能力。幼儿的学习是整体的，最好发生在开放性的自由游戏中。

我们写这本书的目的，是希望给你带来满满的灵感，鼓励你用不同的视角看待平常的事物，把开放性材料纳入儿童早期教育环境中。我们邀请你发现自己身边令人惊奇的、自然的、可持续使用的开放性材料，它们是如此的"光彩夺目"！我们希望你把开放性材料作为儿童的学习材料，将室内和室外空间用于开展安静和活跃的活动，让儿童有机会在其中挑战、连接、创造、想象、探究和发明。当儿童玩开放性材料时，成人要花时间与他们一起享受这些纯粹的、为未来生活做准备的瞬间。

作为早期教育者和家长，我们为你提供了以下建议。

- 慢下来，花时间放松和充电。现在，儿童需要你。
- 简化。太多玩具会造成感官超载，因此花时间清理橱柜和架子，捐赠用过的玩具，只留下有许多游戏可能性的物品。

- 做合乎儿童自然发展规律的事情。相信自己的直觉，对你的选择感到自信。不要被那些鼓励你过快、过早地催促儿童成长的外界声音影响。继续倡导做最有益于儿童的事情。
- 享受每一个瞬间。体验观察儿童的乐趣，在场并与他们共享宝贵的时光，比如他们在一个寒冷的早晨第一次发现自己呼出的"白气"。
- 相信儿童是有能力的、能干的，给儿童自主权去独立地选择和做事情。
- 爱儿童。没有什么能比跟儿童在一起更能表达"我爱你"了。营造具有归属感和联结感的教室氛围。
- 重新评估什么是重要的。当你思考真正想给儿童什么时，思考儿童在茁壮成长中所需要的技能和能力。

第二部分

认　知

自我意识

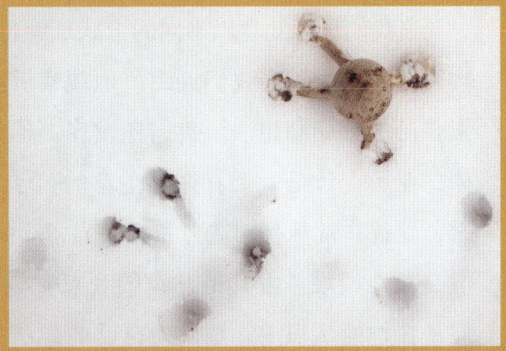

批判性反思

适应性与回弹力

身份意识

> 自我意识是指抽离自身之后审视自己的思维、动机、历史、计划、行为、习惯和倾向的能力。
> ——史蒂芬·科维（Stephen Covey）

当儿童在一个新的地方玩游戏或者玩开放性材料时，他们用自己独特的方式进行体验。儿童往往不会关注空间或者物品的预设目的，而是关注物品的可供性（affordance）或者物品的属性，而属性通常界定了物品的可能用途。美国心理学家詹姆斯·J. 吉布森（James J. Gibson）是视觉感知研究方面最重要的贡献者之一，他指出，物品对感知它的人而言有着独特的价值和意义。例如，成人可能把一面砖墙理解为两个区域之间清楚的界限。然而，对儿童来说，一面砖墙可以是用于行走、堆石头、坐立、练习平衡和跳跃的地方（Gibson，1979）。开放性材料支持儿童的独特视角。它们让儿童完全掌控事物，进而拓展儿童的认知方式。

当我们思考儿童以不同的方式理解世界如何运转时，我们注意到他们多么富有洞察力和感知力。当我们近距离地观察沉浸在游戏中的儿童时，我们看到他们如何探索自己的感受和想法。我们还发现，他们十分努力地认识他们自己和周围的人。例如，亚历克丝是一个有许多主意的孩子，她的小脑袋总是在创造和解决问题。4 岁时，她就非常具有创造力和洞察力了。她知道自己能做什么，并且追随自己的兴趣。但是，她很难考虑其他儿童的观点。她本能地知道，其他儿童有不同的思考方式，但是在她的认识中，她认为自己的想法更重要。现在，她开始寻找与他人沟通和倾听他人的方法，因为她在重视自己的付出的同时，开始能够理解他人的投入同样重要。通过游戏和成人指导，她学会疏导自己的能量，考虑其他儿童的想法。感知他人的感受和情绪的能力，包括共情的智慧，对儿童的认知能力非常关键。比如，3 岁的阿丽尔在感知其他儿童的情绪方面，表现出令人难以置信的能力。她观察、思考并通过共情和关爱做出回应。她也很谨慎地做决定，比如，是选择加入游戏还是选择后退一步。她知道什么时候参与争论，什么时候离开。

亚历克丝和阿丽尔都热情洋溢，享受和成人以及其他儿童的友谊与关系。她们的认知方式是独特的，需要成人给予她们不同水平的支持和理解。她们的认知方式引导她们在未来获得成功。当然，她们难免会遇到挑战，但是她们有能力解决问题，她们所拥有的回弹力和灵活性也会让她们保持好奇心和个人价值观。

了解和表达真实的自己对于儿童身份意识的发展十分重要。身份意识帮助儿童学习如何成为自己，实现完整的人的发展，发挥自己的全部潜能。学习成为自己是创造和创新的源头。它帮助儿童获得做出决定、独立行动的能力，进而成为独立的个体、家庭和社区成员、世界公民、创造者以及富有创意的梦想家。学习成为自己赋予儿童洞察力和创造力，让他们在未来世界里发挥作用。教育儿童不仅是教他们阅读、书写和回答基本的数学问题，还要赋予儿童成功生活所需要的技能、知识和心智倾向。教育需要与日常生活结合，从而促使儿童进行反思、提出假设、验证想法、解决复杂的社会问题与智力问题。

充满多种探索与探究机会的动态家庭环境，有助于儿童适应变化，培养回弹力和拥抱灵活性。家庭和幼儿园共同为儿童提供探索的机会，可以帮助儿童发展身体、精神、心理、创造和发现的能力，也有助于鼓励儿童重视过程而不是最终的结果。给儿童提供发展独立思考能力和判断能力的机会，允许他们做出选择，无论在当下还是未来都对他们有益。为了更好地让儿童为未来生活做好准备，教育需要促进儿童认知技能的发展，如记忆力、创造力、推理能力、审美能力、运动能力、回弹力、社会技能等。

开放性材料是支持儿童认知发展的完美工具。开放性材料的低结构特征为儿童提供了探索艺术、科学、社会文化的机会和体验美的机会，把学习从功利的过程转变为积极追求智识的过程。比如，在观察罗曼的时候，我们发现他喜欢使用迷你树桩和迷你原木片建造复杂的结构。他时常在建造活动中表征他的家庭环境。他是家里唯一的男性，因此他探索两种性别角色。他常常把围巾当作裙子或者长发，还在临时裙子的顶部系一条腰带。在他的游戏中，他认为两种性别角色是平等的，都能参与复杂的互动，也都能发展修理、创造物品的机械技能。罗曼学会了尊重女性，他通过游戏来感受当一名女性是什么感觉。他的妈妈、祖母和阿姨鼓励他的游戏，她们想让他发展创造力。他的家人认识到，理解开放性材料给罗曼带来了多种多样的可能性，这是十分重要的。

支持儿童认知技能的机会和可能性

- 为儿童提供探索开放性材料的机会，这些材料将促使他们在游戏中探索历史。
- 基于儿童的兴趣去探索新的视角。
- 给儿童提供灵活的、支持他们验证新想法和假设的开放性材料。
- 观察儿童做了什么，倾听他们说了什么。提出一些问题，以引导他们的学习过程并促使他们更深入地了解自己的认知方式。
- 关注儿童如何学习，而不仅仅是他们知道什么。不只教他们字母、数字、形状和颜色，更要培养他们的学习品质，激发他们围绕自己感兴趣的话题进行有意义的讨论。

第 2 章

自我意识

自我意识是指人对自己的性格，包括优势、不足、想法、信念、情绪和动机的复杂理解。美国人本主义心理学家亚伯拉罕·马斯洛（Abraham Maslow）在他的需求结构理论中，讨论了自尊和自我实现的发展。他提出了这样一种认识，即人的自尊和独特性产生于家庭和社区无条件的爱与接纳。人有追求卓越的愿望，希望自己独特的天赋和能力得到他人的关注。一旦具备一定程度的自尊和自信，我们就会在心理上获得创造、发展和与人为善的自由。马斯洛认为，人有获得自我实现的需求，渴望成为自己所能成为的一切。

家庭的重要作用之一，是为儿童创造从自己的工作和成就中获得自信心和自豪感的机会。商业玩具都有预先设定的目的和结果，与玩这些玩具的儿童相比，玩开放性材料的儿童能够完全掌控结果。玩开放性材料有助于儿童认识自己的能力和反思自己改变生活的能力。观察在沙滩上游戏或者在大自然里散步的儿童，他们可以用很长的时间探索浮木、沙子和石头。他们发现和收集有趣的石头，有意识地将它们用于游戏中。他们组合运用开放性材料来表征城堡、建筑和整座城市。儿童完全掌控自己的创造力。当他们用积木、硬纸板、原木片和树桩进行建构活动时，他们可以探索自己的能力，认识到自己是能干的、有能力的。这种能力通常在儿童实现一个目标后被强调，比如，他们会说："我是最棒的。"没有什么比强烈的成就感更有助于儿童获得自我意识和自我认知了。

不，鹅，不

2岁的卡茜迪和父母在社区里的一个池塘边度过了很多时间。卡茜迪喜欢沿着池塘边走路、挖沙子、收集树叶和棍子等自然宝藏，以及把鹅赶走。这些都帮助她了解自己的能力。在十月的某一天傍晚，她的妈妈决定在晚饭前带她去池塘边玩一会儿。她带了一些祖母用的厨具，让卡茜迪在沙子里探索。当卡茜迪专注地在一个老旧的面粉筛子里装满沙时，一只好奇的鹅试图靠近她。卡茜迪拿着勺子，用一个警告的姿势对鹅大喊："不，鹅，不！"她在学习，自己是一个独立于其他人的个体，能够维护自己，自己的语言是有力量的。

卡茜迪在一个松饼烤盘的每一个模子里放入一个梧桐果。当她把第八个果子放到第七个果子所在的模子里时,她停住了。她看了看这个模子里的两个果子,然后拿走一个放到剩下的空模子里。现在,八个模子里都有果子了。卡茜迪对自己的能力有了自信,也了解了梧桐果的可能用法,还获得了对数学概念——一一对应——的理解。

奶奶的旧耳环和项链是阿丽尔用于分类的宝藏。她喜欢触摸和观察各种各样的耳环和宝石。当她给这些物品分类时,她思考如果自己戴上长长的蓝色项链或者珍珠以后会变成谁——可能是舞蹈家或者公主。

第3章
批判性反思

  在有力的探索过程中，儿童反思和理解周围发生的一切。他们的反思能力将帮助他们在未来的活动中更有目的性，他们将进行分析、提出假设和做出明智的决定。例如，雅各布喜欢玩建构游戏，时常邀请邻居到他家的后院里创造不同的游戏场景。他在游戏中使用牛奶箱和布，以及院子里种着的树。他和朋友花几小时进行复杂的想象性游戏，每天晚上他都在疲惫和满心愉悦中入睡。他了解自己的能力，乐于把自己的知识与其他儿童分享。第二天，他吃完早饭后跑到院子里继续建构，并对他的结构做出了一些改变。他思考着还需要哪些材料。之后，他捡起一些纸和笔假装书写，制作了一个包含图画的清单。然后，他在房子四周游荡，寻找其余的开放性材料和他需要的其他材料。批判性反思让我们的工作充满意义，帮助我们设立目标和使用过去的知识与经验来做出决策。通过批判性反思，我们可以思考自己的行为对现实生活的影响。批判性反思是思考和行动之间的桥梁。当儿童被教授如何思考和反思自己的思维与行为时，他们就可以体验到学习的转化过程。

想象之箱

我们家里最珍视的活动之一就是探索想象之箱。我的女儿和她的朋友用很多时间玩箱子里的围巾、珠子、帽子、手镯和其他各种各样的开放性材料。他们会用里面的物品设计复杂的戏剧游戏情节。他们表演戏剧，然后把金属垫圈用作入场券。其他时间，他们会把箱子拖到后院里创造仙女世界。仙女是用木制衣架和布料碎片制作的，围巾则被当作环绕着仙女世界的湖泊或河流。他们到街区收集松果、橡果等。他们还会从客厅的玻璃广口瓶里拿之前收集的瓶塞。这些物品组成了仙女的房子。箱子是我们家的一个

主要物品，孩子们玩里面的东西好多年。最令人开心的是，我们家的其他成员和朋友经常为箱子做贡献。他们捐赠易拉罐、塑料盖、瓶盖、纽扣和其他奇妙而富有创意的开放性材料。儿童的兴趣被每一个新加入的东西激发。运用想象之箱里的物品创建的每一个游戏场景，都给我的女儿提供了质疑和验证想法、价值观及概念的机会。通过批判性反思，他们理解自己的行为、分析自己的经验和获得新的意义。

在十二月寒冷的一天，邦妮积极地探究了雪地里的石头、松针、松果和叶子的特征。她轻抚细长的松针，然后用它们刷表层的雪。她的探究让她有机会反思和理解如何使用每一种自然材料。

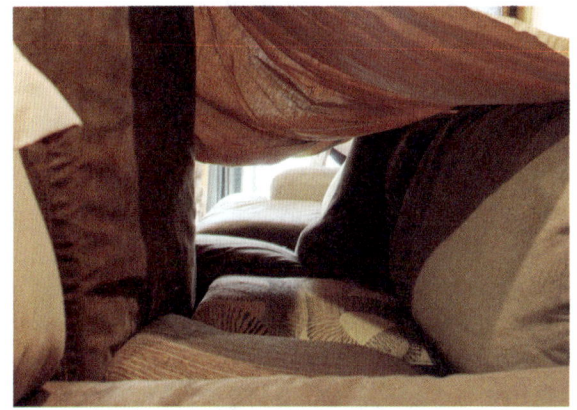

第3章 批判性反思

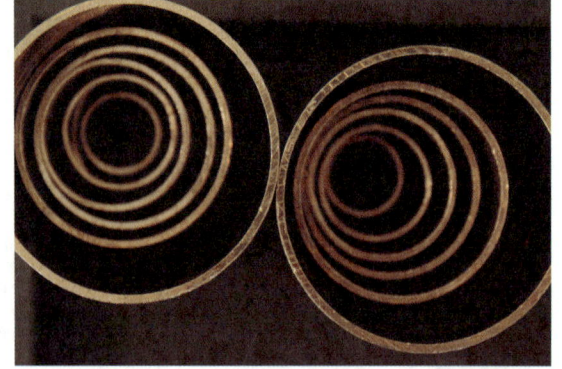

第 4 章
身份意识

在童年早期,儿童开始发展身份意识和自我概念。他们认识到,自己的态度、能力、身体特征和价值观定义了他们。从 18 个月到 3 岁,他们发展了类别自我(categorical self),即一种认识自己的具体方式(Oswalt, 2008)。例如,儿童根据年龄("我 3 岁半")、身体特征("我很强壮")和性别("我是男孩或者女孩")给自己贴标签。随着他们不断地成长,他们开始用感受和兴趣定义自己,如"我很高兴,我想和乔西一起玩"。当儿童开始理解社会期望时,他们把社会规范整合到正在发展的自我认同中。他们开始通过游戏建立关系,而这些游戏对他们的情感、社会性和认知发展都有益处。随着长时记忆的发展,儿童开始探索自己在世界中的存在方式,当他们重新创造自己的生命历史时会把记忆融入其中。他们探索文化和家庭价值观，开始把自己视为家庭中的一员以及社区成员。他们开始获得元认知——一种知道自己有创意和想法的能力——从而发展内在的自我。内在的自我允许他们有自己的想法、感受和渴望，这些想法、感受和渴望不会被别人知道，除非儿童分享这些信息。

家长和教育者可以通过分享儿童的历史与价值观来支持他们的身份意识发展。当儿童探索镜子中自己的影像时，被切成不同形状的亚克力镜子可以帮助他们发展创造力。当儿童意识到自己的身体特征时，他们就能注意到自己如何与别人不同，自己如何独特。另一种探索他们身份的方式是用石头、树棍、橡果帽等开放性材料创作自画像。使用儿童的照片可以促使他们深入理解自己是谁，自己的能力如何。儿童从环境中以及引导他们的成人身上学习，也从他们的文化、历史、传统、家庭与社区价值观中学习。家庭为家长提供了和孩子一起进行艺术创作的机会，比如收集瓶盖并用它们制作一幅家庭拼贴画。去当地的公园散步、探索商店或者寻找宅前旧货出售地，这也是儿童了解周围社区并发现开放性材料的途径。对自己发现的材料进行整理和分类，可以帮助儿童更深入地理解自己作为家庭、文化和社区中一员的身份。当家庭成员分享自己收集的材料时，他们也为儿童提供了一种历史感。

姑姥姥的纽扣

尼奎喜欢去姑姥姥家。她总是要求玩纽扣，有时用它们创造复杂的艺术作品。其他时间，她从厨房拿来一个松饼盘，按照大小、颜色和形状给纽扣分类。她在玩纽扣时，询问纽扣是从哪里来的。她对纽扣到底有多"老"以及姑姥姥在什么时间收集的它们很感兴趣。她喜欢听不同纽扣的故事，还有它们为什么最后被放进了盒子里。姑姥姥分享自己记得的事情，其余时候则编造她觉得尼奎喜欢听的故事。在玩纽扣和一同分享的过程中，尼奎获得了深度的自我意识，逐渐理解自己是家庭的一部分。她知道，她拥有家人无条件的爱，可以自由地游戏、探索和问问题。

第4章 身份意识 47

零碎的塑料制品、地毯、木块、纸环等给贾森提供了创作自画像的机会。他瞥了一眼镜子中的自己,然后添加了红色的刺猬头,并在探索自己的过程中不断变换表情。

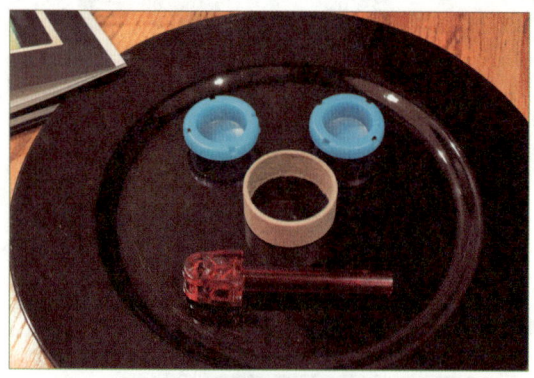

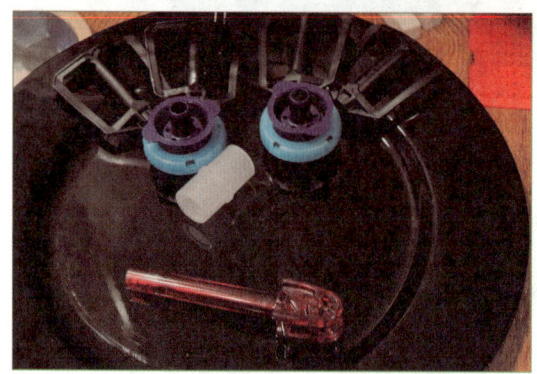

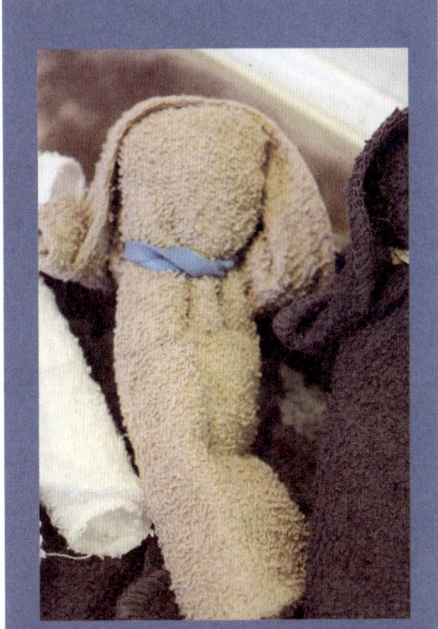
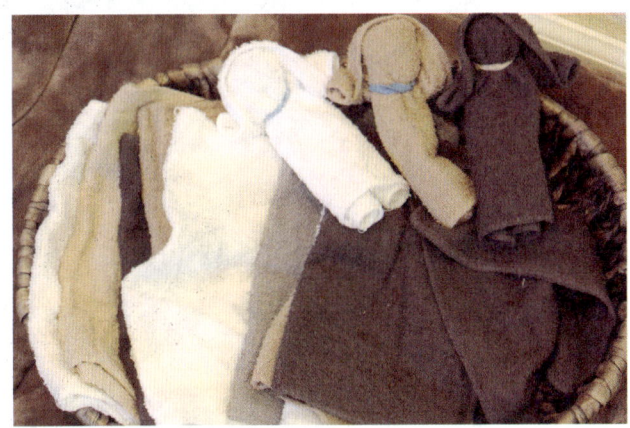

用毛巾制作的简单玩偶是携带和拥抱的绝佳对象。它很容易被抓握、携带和拥抱。贴近皮肤颜色的毛巾让切尔茜认识到,人是独特的,而且有不同的肤色。

第 5 章

适应性与回弹力

变化、不确定性和新奇是生活的本质。儿童需要回弹力——帮助我们即使面对最糟糕的局势也能逆境生存并恢复的机制。回弹力需要适应和灵活应变能力,它们被理解为面对不确定和新奇的事物时在认知、行动、情感方面进行恰当调整的关键技能。在持续变化的世界中,儿童需要具备适应性和灵活性,以探索和拥抱不同的视角与可能性。

儿童用新的方式思考问题就是在灵活思考。玩开放性材料为儿童提供了经常运用灵活性和适应性的机会。这种低结构游戏让儿童解决问题,与同伴积极互动,从而促进他们的学业学习。当儿童在面对新的信息时能够转变思维,他们也就能够应对挑战和变化。适应性和灵活性随着儿童的学习和发展得到提高。儿童的适应性和灵活性越强，他们应对新挑战的想法就越多。例如，当亚历克斯玩不同的织物和餐巾环时，只要织物够薄，他就会把多块织物塞到一个餐巾环里。然后，他挑选了一块较厚的织物，一开始他很难把它穿过餐巾环，最后他发现一个开口更大的环刚好适合这种较厚的织物。他继续变换织物和餐巾环，探索多种可能性。接下来的一周，他被观察到将织物沿着不同大小的积木堆放起来，从而比较材料的厚度。他一边数一边把织物堆起来。借用开放性材料和灵活的思维，他能够探索不同的测量单位。

一起烹饪

谢尔比和米凯拉喜欢在户外游戏。他们是邻居，常常在两家公寓的中间地带消磨时光。谢尔比的爸爸用旧架子和低矮的木制橱柜创造了一个临时的泥巴厨房。厨房里有真实的厨具和一套茶具。他们两个很希望一起烹饪。他们搅拌泥巴和水来制造泥巴蛋糕。他们谈论自己给对方烹饪的不同东西。谢尔比最喜欢的食物是面条和奶酪，而米凯拉喜欢什锦饭。他们在院子里走来走去，收集叶子、石头和未成熟的橘子一起烹饪。他们在假装吃饭的时候，常常讨论哪道菜更好吃，进而给彼此提出改进的建议。有时，他们也会就加点什么或者谁做哪道菜而争吵。这给他们提供了机会去倾听彼此，为保住自己的菜而辩论，同时他们也一致认为他们两个人都很棒。在这个游戏中，儿童练习了认知的灵活性。

52　幼儿园开放性游戏材料：培养儿童必备的七种生存技能

索菲发现,水晶链不容易被弯曲和塑造成她想要的项链的样子。她调整原来的想法,用耀眼的宝石进行设计。索菲的行为表明,问题出现时要如何灵活地处理。

第三部分
连 接

归属感

儿童是敏锐的沟通者

建立同理心

合作与道德发展

脆弱是爱、归属感、愉悦、勇气、同理心和创造力的发源地。

——布勒内·布朗（Brené Brown）

花点时间思考你在日复一日的生活中建立的连接。当计划和安排一天生活时，你需要决定哪一个任务更重要以及为什么。你联系相关信息来帮助自己决定如何确定任务的先后顺序。当你完成简单的任务时，比如挑选一个容器来装剩下的食物，你就建立了连接。作为成人，我们在工作、日常生活甚至所拥有的关系中建立连接。建立连接在大脑额叶皮层的发展中发挥着重要作用，这些连接是学习和创造力的初期形式（Galinsky，2010）。建立连接涉及思考、分类、整理、分析和决策，它们对儿童进入学校，开始参与高阶的学业学习而言是必不可少的。

建立连接从婴儿早期就开始了。婴儿不仅在看到人的时候认出他们，还以特殊的方式与他们建立连接。他们识别不同的声音和气味，也开始建立因果连接。观察婴儿第一次发现自己的手的瞬间。一开始，他们只是随意地挥动一下手，最后当他们意识到他们能够控制自己的手时，他们开始伸出手去拿移动的或者放在他们面前的物品。关于儿童探索因果关系的最好案例是，儿童从高脚椅上丢下一个物品，然后等待成人把它捡起来。对成人来说，这个活动似乎没有意义，但是对儿童来说，它充满了学习连接。他们在探索物品掉下（重力）以后会发生什么，物品会滚多远（距离），更重要的是，当他们看到成人的反应后，他们会探索自己行为的力量。这种游戏相当复杂，而且证实了婴儿如何建立连接并赋予他们所生活的世界以意义。

美国医学研究所（Institute of Medicine）的科学家、理论家和儿童发展专家在其发布的里程碑式报告《从神经细胞到社会成员：儿童早期发展的科学》（From Neurons to Neighborhoods: The Science of Early Childhood Development）中断定，为幼儿创设支持建立神经、认知和社会连接的环境十分重要。神经连接从儿童出生的那一刻就开始建立。在最初的十年，儿童的大脑会形成上万亿的连接或突触。轴突连接树突，化学物质——神经递质——就通过突触来传递信息。这个过程令人难以置信，当儿童3岁时就有15000个神经细胞连接起来创造复杂的通道网络，支持儿童学习和帮助儿童理解世界。婴儿的大脑建立神经连接时，需要和充满爱的成人建立积极的关系。只要大脑持续受到刺激，神经连接就会持续发展。

当儿童进一步建立认知连接时，神经连接会继续发展，瑞士心理学家让·皮亚杰（Jean Piaget）的认知发展理论很好地解释了这一过程。在这个理论中，皮亚杰解释了儿童如何利用图式理解事物或情境。图式与认知过程中的身心活动均有关系。儿童把新的知识置于已有知识的背景之下，当他们获得新经验时，他们会调整或者改变已有图式，借此建立支持他们理解世界的重要连接。例如，当儿童将球从斜坡上滚下去时，他们会意识到球滚得有多快。然而，他们可能把速度和球的颜色联系起来，而不会想到其他可能性。当他们继续探索球的滚动速度时，他们会进一步认识到，球滚得有多快与颜色无关，与重量和斜坡的倾斜程度相关。当儿童建立有关事物如何发挥作用的连接时，他们将获得关于特定科学概念的知识。

家长和教育者都渴望让儿童建立有意义的社会连接。游戏提供了这种机会。与其他儿童建立连接是积极社交的核心，帮助儿童建立和维持友谊，形成合作、领导、跟随以及表达自己的需求和感受的能力。与他人（如家长、兄弟姐妹、朋友等）积极进行非结构化的游戏，是儿童建立和维持社会连接的主要机会。

儿童还运用过去的经验建立连接，他们把过去的经验与新的知识联系起来。儿童运用整个身体去学习，他们有内在的需求去看、触摸、感受、闻和听周围的一切。在充分理解和内化特定概念之前，他们需要动手操作和探索。建构主义是一种聚焦于儿童观察和探究的理论，从已有经验中学习是建构主义的核心。它基于这样一种概念，即儿童通过体验事物和反思这些体验来建构知识和他们对世界的理解。建构主义教育利用儿童对世界的天然好奇心，支持儿童使用已有经验建构新知识。美国教育哲学家约翰·杜威（John Dewey，1916）呼吁，教育应基于儿童在当地社区里的真实经验。为了进一步支持儿童建立有意义的连接，儿童需要通过提出假设、检验假设并得出自己的答案和结论来建构知识。因此，支持儿童建立经验连接需要成为我们与儿童进行的所有互动的首要任务。

开放性材料的本质是低结构的，因此它们能够给儿童提供机会去好奇和探究世界如何运作以及使用材料可以建立哪些连接。

支持儿童建立连接的机会和可能性

- 给儿童机会去反思他们遇到的具体问题并用不同的方法表达他们的思考和想法，比如谈论它们、使用开放性材料描述它们或者把它们画出来。
- 提供不同的开放性材料和其他材料，比如纸、彩色铅笔和马克笔等，让儿童表征和记录他们的观察。例如，他们可能画出自己的观察和想法，或者创作一幅拼贴画。
- 计划一些和儿童交谈的时间，比如一天结束时的家庭反思时间，帮助他们理解经验。
- 帮助儿童基于已有经验学习新经验。思考儿童已经拥有的学习经验，帮助他们把已有经验和新的经验联系起来，可以以家庭外出和对话为起点。
- 提供具有多种用途的开放性材料。积木可以用来堆叠、根据颜色进行分类、根据大小成堆摆放或排列，或者代表其他事物，比如建造的结构。在洗澡时间，儿童可以用开放性材料探索与浮沉有关的概念。

第6章

归属感

在生命早期，儿童开始探索归属的意义。他们想知道，如何与其他人建立连接。他们会问诸如"因为你照顾我，所以你是我的妈妈吗？"之类的问题。人类有归属的内在需求，它构成了幸福感、动机和参与的核心。人本主义心理学家亚伯拉罕·马斯洛认为，归属感是生命中重要的一部分。所以，他在需求层次理论中把归属感放在安全的心理需求之上。儿童的自我意识是由他们的性格、行为和他们对自己、家人和其他人的认识塑造的。在儿童的生活中，朋友和社区成员在他们建构身份意识过程中发挥了关键作用。

归属感在儿童与人、地方、文化以及他们所属的群体建立有意义的连接时萌发。在《生态教育学》（A Pedagogy for Ecology）一文中，安·佩洛（Ann

Pelo，2009）指出，教育者的角色是给儿童一种场所感——"通过引导儿童关注空气、天空和人行道上地球突破水泥牢笼形成的裂缝，邀请他们把他们的身份与他们所生活的地方编织在一起"。她进一步解释道，儿童需要被邀请参与当地正在展开的生活。换句话说，归属感是指人因被其他人、群体、组织、环境需要和重视而产生的感受。社会情感幸福与我们享受生活和应对压力的能力紧密相关，也与我们感到自己很高效、自己被欣赏和被爱有关。无条件的爱帮助儿童发展归属感。当他们的归属感提升时，儿童会成长为坚强、自信、能够应对挑战与困难的人。拥有归属感并得到他人的尊重、爱、支持和鼓励，有助于儿童形成积极的自我认识，并感到自己为世界做出了重要贡献。当儿童获得的关于自己的家庭、背景、文化、信仰和语言信息是积极正面的时候，他们就会为自己是谁而感到骄傲。这些信息也使他们自信地发表自己的观点和意见，做出选择，并有助于他们自己的学习。

秋天的树叶堆

"树木之城"是世界上几座城市的昵称，包括美国的萨克拉门托。这座城市由橡树、梧桐、杨树、核桃树、榆树以及许多其他树木组成的茂密树冠覆盖着。秋天时，居民住宅的院子里像铺了一层厚厚的树叶地毯。孩子们、朋友还有邻居沿着马路用耙子堆出巨大的树叶堆，这项全城收集落叶的活动从十一月一直持续到次年一月。树叶堆吸引了伊夫琳和埃玛，她们走遍整个社区查看每一个树叶堆。她们用铲子铲起树叶，扔到空中，然后兴高采烈地看着树叶像雨滴一样落在自己的身上。她们踩踏树叶，当听到树叶在她们的脚下嘎吱作响时，她们开心得大笑。伊夫琳第一个决定跳进一个极为诱人的树叶堆里，她的整个身体消失在树叶堆里。于是，像小狗一样从树叶堆里爬出来成为她新的兴趣点。一个邻居从马路旁经过，停下来看女孩们在树叶里嬉戏。她咧嘴大笑着说："我记得我小时候也曾跳进树叶堆里，它实在是太好玩了！"我们许多人都能记起童年时玩树叶的美好经历，这一简单的共同经验跨越代际创造了人们对社区的归属感。

洗澡时间是儿童放松和玩开放性材料的美妙时间。塑料的测量器皿使儿童在装水和慢慢地往浴盆里倒水时，观察水的流动。防滑贴纸和塑料环促使儿童进行令人兴奋的设计。洗澡时间是建立连接和一起大笑的时间，同时也是维持关系的重要常规活动。

第 6 章 归属感

第 7 章

儿童是敏锐的沟通者

从出生开始,婴儿就渴望与他人沟通和表达自己的需求。他们通过发出简单的声音来表达与其他人建立连接的愿望。这种沟通能力在生命的第一个五年中通过儿童与其他儿童、成年照护者、环境里的其他成人互动得以快速发展。当成人回应儿童的语言时,他们就在支持敏锐的沟通者发展。比如,3 岁的塞缪尔一直在玩妈妈收集的古老的木制线轴。他和妈妈分享他喜欢的木制线轴的味道,因为有些线轴是用玫瑰木制作的,但是他不喜欢有些线轴的质地。妈妈耐心地倾听,用一些启发式问题提示他。她等待他的回答并分享一些她关于线轴味道的想法。在这个过程中，塞缪尔了解到，他的分享对爱他的人而言是重要的。他知道，他是一个优秀的沟通者。

开放性材料是让儿童参与有意义对话的重要媒介，帮助他们建立连接，拓展他们对世界的理解。当我们对儿童的认识从"我们需要让他们为生命的下一个阶段做好准备"转变为认可他们当前的能力时，我们就能够为他们提供他们所需要的支持，让他们运用当前的知识继续探索。

儿童是敏锐的沟通者。他们可以从个人视角出发把他们的生活故事告诉我们。当我们专注地倾听儿童所讲的故事时，我们可以获得大量关于他们的思考和认识的信息。沟通的一部分是倾听他人的观点。当成人仔细倾听儿童说话时，他们就在示范重要的倾听技能。儿童在很小的时候就开始倾听并回应听到的声音。当他们 4 个月大时，婴儿会把头转向说话的人。随着发展，儿童学习倾听不同的声音并区分它们。聆听音乐和敲击锅碗瓢盆发出的声音，会给儿童带来节奏感并帮助他们识别音调和旋律。学步儿喜欢随着音乐跳舞和律动。给他们提供围巾和其他柔软的织物，让他们在跳舞时使用。幼儿享受唱歌的乐趣。他们对自己的唱歌能力感到自信，而且大部分幼儿都渴望自己的声音被听到。木制的暗榫、容器和勺子可以变成鼓，供儿童唱歌时敲击。儿童喜欢歌词和旋律重复的歌曲，还喜欢节奏鲜明的歌曲，以及让他们一边唱歌一边做动作的歌曲。儿童喜欢听或唱与自己所熟悉的事物相关的儿歌和歌曲，比如动物、游戏活动和人。给儿童石头、原木片、空容器和毛毡动物，让他们创编感兴趣的儿歌。在你的房子里创造声音花园，以便儿童倾听有趣的声音。简单的家居用品，比如挂在树枝上的勺子和叉子，被风吹动时会发出悦耳的声音。儿童很早就学会确定不同声音的来源，能够区分风的声音或者雷的轰鸣声。儿童倾听不同声音的机会越多，他们倾听的能力就越强。

走廊上的保龄球道

美国科罗拉多州的夏日通常从阳光明媚的早晨开始,下午则可能是一个完全不同的故事。出现在西部山脉和丘陵上空的云朵到了平原地区就变成雷雨。天空暗下来,大雨倾盆而下。闪电照亮天空,急促而刺耳的雷鸣紧随而来。我们房子里的灯光闪烁了一会儿之后就彻底熄灭了,然而快乐就此开始。在那些暴雨如注的下午,手电筒、毛毯、床单和枕头都被拿出来建造城堡。当然,我们可以在任何地方建造城堡,但是在沙发旁创造一个舒适的藏身之处最好,因为那里有各种各样的垫子。然而,在一个风雨交加的日子,我的妈妈提出了一个好主意。她把走廊变成一个保龄球道。哪个妈妈会这样做呢?我们准备了一些擀面杖和球,在把擀面杖放到恰当的位置后,我们就开始游戏了。奥利弗拿着手电筒,珍妮第一个尝试,她全神贯注地把球扔向擀面杖。球从墙上弹开,然后朝擀面杖飞去。又扔了三个球以后,所有的擀面杖都倒了。我的任务就是把倒下的擀面杖重新放好。房子里的灯亮了起来,但我们的游戏还在继续。

在以上这个游戏中,兄弟姐妹们彼此积极沟通。当球飞快地从走廊中通过时,珍妮告诉詹姆斯小心。当擀面杖倒地时,三个孩子都发出欢呼声,庆祝胜利。他们讨论策略,确定用哪

种技巧能击倒最多的擀面杖。詹姆斯负责记分,然后宣布每一轮谁获胜。每个孩子都熟知自己的角色,提出建议并表演真实的情节,从而拓展游戏。当他们倾听另一个人的想法并以恰当的方式做出回应时,他们的交流技能便得到了提升。

古老的勺子可以调动儿童的好奇心，激发他们询问勺子的来源和出处。他们喜欢听每一个勺子的故事，并轮流描述不同的细节和设计。

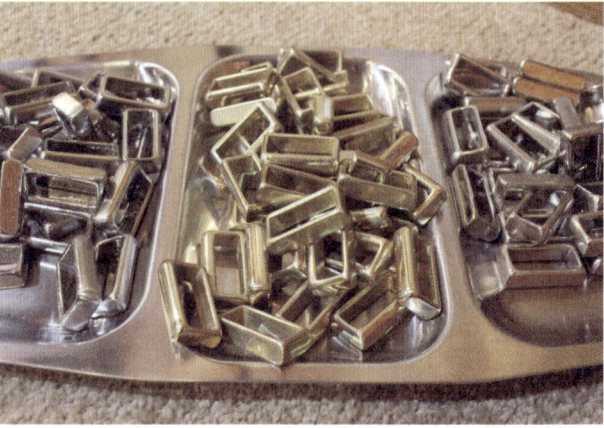

第 8 章

建立同理心

  同理心是指理解自己和他人的感受。同理心和自我概念紧密相关，后者被认为是我们在身体、情感、社会性和精神上关于自己是谁的总体观念。拥有同理心意味着，意识到他人看待自己的方式和我们的自我概念之间既有相似之处又有不同之处，他人也有与认知自己的方式相关的情绪。同理心是一种需要培养的技能和态度。想象一下医院护理间的婴儿，一个婴儿哭泣会引发其他婴儿哭泣。这种哭泣虽然是由巨大的噪声引发的，但是是同理心的前兆。当学步儿第一次尝试把他人的不适与自己联系起来时，他们便开始表现出同理心。比如，当

2岁的肖恩看到珍妮娅哭泣时,他把自己玩的玩具给了她。在这个行为中,他给了珍妮娅一件能让他自己哭泣时感觉舒服一些的物品。虽然我们不清楚肖恩是真的理解珍妮娅的感受还是仅仅对她的行为方式感到沮丧,但他已经在发展同理心的过程中了。

　　同理心是儿童与成人或同龄人互动时学到的技能。儿童的同理心得到发展以后,他们不管是在学业方面、社会场合还是成年以后的事业中都能表现得更好。同理心强的儿童和青少年会被同龄人视作领导者。当儿童越来越多地与同龄人接触时,他们就会面对不同的感受和情绪,应对挑战性不断增强的互动情形。家长和教育者可以通过真诚地承认和分享自己的感受来帮助儿童培养同理心。例如,当成人对儿童说"今天奶奶要走了,她要回家了,我有点伤心"时,儿童就会理解感受是重要的,他们有权拥有一些强烈的感受。谈论另一名儿童的感受也有助于他们把感受和行为联系起来,理解自己的行为如何影响他人。给儿童表达自己的空间并与他们的感受建立连接的很好例子,是对一名儿童说:"奥斯卡在哭,因为有人拿走了他的毯子,这让他感到很伤心。怎样才能让奥斯卡感觉好点呢?"分散注意力以避免儿童哭泣的做法,会干扰儿童的同理心的发展过程。当儿童理解因果关系时,他们就会了解他们的行为如何影响他人。对于更大一些的儿童(5岁及以上的儿童),可以引导他们站在另一个儿童或者成人的角度,比如,对他们说:"你觉得他感觉怎么样?他可能因为什么而沮丧?我们可以做什么来帮助他?"玩开放性材料会给儿童提供多样的机会,让他们与其他儿童互动和表达同理心。

拯救小狗

　　披上用围巾制作的斗篷,乔伊、拉马尔和托尼娅表演了一个拯救小狗的游戏场景。这些毛绒玩具小狗被困在他们建造的桉树笼子里。他们谈论小狗被"坏人"困在笼子里的感受,展现了他们具备理解其他生命的感受的同理心和能力。在制订拯救计划时,他们思考了可能遇到的挑战,包括他们如何喂小狗并让它们在拯救过程中保持安静,以及如何避免"坏人"抓住他们。他们轮流制订计划,并针对挑战提出了不同的解决办法。这听起来是一个简单的游戏瞬间,但是制订一个实用且全面的计划花费了儿童很长的时间。他们思考帮助动物的重要性,以及为什么这样做是重要的。他们讨论得很热烈,他们的想法经过了深思熟虑而且聚焦于拯救小狗的社会正义行为。听他们的对话,你会发现同理心、怜悯、道德和公平等主题正在萌发。

第 8 章 建立同理心

安静地整理和分类线轴，使儿童有机会反思并连接自己的感受和情绪。独自游戏很重要，有助于培养儿童的创造力和探究能力，帮助儿童学习自在地独自面对自己的感受，以便他们在小组游戏中理解其他儿童的感受。

第 9 章

合作与道德发展

美国哈佛大学儿童心理医生罗伯特·科尔斯（Robert Coles，1997）提醒人们，儿童的道德发展遵循成人制定的外在规则，这一观点是一个严重的错误。他认为，仅仅通过记住纪律和规则是无法获得"道德智能"的。道德发展是经验的结果，经验教我们如何与他人互动以及如何在世界中行动。科尔斯指出，为了获得奖励而服从纪律，这样无法体验为了更伟大的善而服从规则所带来的那种内在满足感。它无法培养儿童的同理心，不能让儿童在未来按照道德规范行事。游戏是道德发展的内在动力，因为儿童在游戏中学习尊重和感恩规则为互动带来的界限。儿童也通过游戏理解道德行为的深层含义，知道道德包括正义感、同情心、关心他人的福祉，以及观点采择和觉察他人可能在想什么或感觉如何的能力。

"善"的道德感从各种各样的社会互动、儿童对互动的思考以及儿童与成人或同龄人关于某个情境的对话中萌发。当儿童一起玩开放性材料时，他们开始理解其他人如何思考、行动和互动，将世界上不同的文化和不同的存在方式连接起来。他们也意识到并探索如何成功地应对不同的社会挑战。在协商和合作完成不同项目的过程中，他们更深入地理解社会对他们的期待。在开放性游戏中，儿童学习理解和协商社会规则并在许多情境中进行道德思考。

- 轮流玩游戏。
- 信任其他儿童，与之建立友谊，彼此合作。
- 尊重和接受他人。
- 理解和尊重界限。
- 通过协商让自己的想法被听到，让自己的需求被满足。
- 学习事物如何通过因果关系连接起来。

外星人伯特和胡萝卜鼻子

冬天的第一场雪降临了，利安娜、朱莉和玛格丽特渴望堆一个雪人。出门前，她们和妈妈凯瑟琳一起讨论她们的雪人会是什么样子的。玛格丽特分享了她的点子，她想堆的雪人名叫弗罗斯蒂，它有煤球做的眼睛、胡萝卜做的鼻子和树枝做的手臂。朱莉指出她们没有煤球，胡萝卜做的鼻子可能会被兔子吃掉。玛格丽特不认为兔子够得着雪人的胡萝卜鼻子，坚持认为胡萝卜鼻子是一个好办法。她们之间还有一个分歧，就是用什么材料做眼睛：瓶盖还是石头。此外，每个女孩都对自己想堆的雪人有不同的想法。利安娜对堆外星人感兴趣，朱莉则想堆一个伯特——《玛丽·波平斯阿姨》（*Mary Poppins*）里扫烟囱的人。凯瑟琳帮助女儿们倾听和尊重不同的想法，并协商一个合作堆雪人的办法。有没有可能堆一个长着胡萝卜鼻子的外星人伯特呢？每个女孩都收集了一些材料，穿上防雪服，然后出门了。

雪的黏稠度正好。朱莉用手包了一大块雪，做了一个雪球。玛格丽特和利安娜与朱莉一起往不同的方向滚雪球，她们小心翼翼地不让雪球接触到地面，这样它就不会粘上砂石、泥巴和小树枝了。女孩们在雪球变大的同时不断地把雪球压实。然后，利安娜滚了一个小雪球作为头。女孩们把大雪球的上面拍平，为雪人的头提供一定的稳定性。当她们把头放到身体上时，朱莉建议合作创造一个雪人家庭。她们此前关于堆一个大家都认同的雪人的问题就这样解决了。女孩们合作堆了3个雪人，每一个都用恰当的材料装饰。合作堆雪人不仅更有趣，而且每个人的想象力得到了尊重。玛格丽特跑到房子里拿胡萝卜，然后气喘吁吁地跑回来，说："我们没有胡萝卜了，但我找到了这个橘色漏斗，它正好合适。我要把我的雪人起名为杭克。"孩子们还给新的雪人朋友围上了围巾，让它们暖和一点。

自然有神奇的力量,吸引儿童的感官。自然中的开放性材料帮助儿童进入"创造王国",学习保护周围自然环境。

第四部分

参　与

专注力

儿童是科学家

能动性

独处的力量

> 一旦许下承诺，你就需要通过自律和勤奋工作来兑现它。
>
> ——黑尔·格布雷西拉西耶（Haile Gebrselassie）

儿童是意义建构者，他们在获得知识的过程中发挥着积极的作用。对儿童而言，学习是动态的、迷人的和社会性的。他们需要积极参与，并对高阶思维技能（如创造）的运用感兴趣。当儿童在意义建构中发挥积极作用，而不是成人给他们提供信息并期待他们记住这些信息时，他们的参与度最高。通过鼓励儿童创造性地应对挑战、与他人合作以及将批判性思维技能应用于家庭和学校内外现实世界中不可预测的情况，我们就让他们为未来的学业、事业以及公民身份的成功做好了准备。

本章认为，"参与"是指儿童在与环境互动时以年龄适宜、情境适宜的方式，整合和运用他们的社会性、情感、身体和认知能力。回忆一下你曾经全身心地沉浸于某个活动的时刻。你是如此的投入，以至于被饱满的情绪和完成任务的强烈需求征服。你知道你在学习，对进一步探索这个活动很感兴趣。你会花上数天时间验证新想法，从而获得深入的理解。例如，我是一名业余的金属匠，我喜欢用火熔化和改变金属。我会用几天时间弄清楚如何制作具有雕塑感的首饰。我阅读相关资料、反复进行实验并与其他珠宝匠交流，直到弄清楚这个过程并得到我想要的结果，我才停止。当儿童玩开放性材料时，同样的事情也会发生。他们探索、研究、调查、验证新想法和问问题，完全沉浸在学习过程中，不需要成人的表扬和奖励。因为他们知道，自己的成就和发现就是最好的奖励。

参与是行为、认知和情感的相互关联，它给了我们一个更全面的视角去看待儿童的活动卷入情况。充分参与的儿童受好奇心、兴趣和乐趣的内在激励，很有可能实现自己的认知目标。他们表现出自我控制力、专注力、能动性、工作记忆、延迟满足、认知灵活性等（Jablon & Wilkinson, 2006）。参与是走向更深奥的学习的途径，是过上更有智识的生活的关键。开放性材料的低结构本质，有助于吸引儿童进行持续的探索。观察儿童在一个斜坡上滚动不同大小的球和其他材料，当儿童意识到他们原以为会滚得更快的球事实上花了更长的时间时，你会注意到他们的脸上露出困惑的表情。他们遇到了一个新情况，它挑战了他们对于事物的原有想法和认识，促使他们检验不同的斜坡，用不同的速度滚动球。他们提问、改变假设，直到获得结论才停止。他们完全投入活动之中。美国心理学家米哈里·契克森米哈赖（Mihaly Csikszentmihalyi）将儿童的这种状态称为处于"心流"之中。他把"心流"描述为人们在生命中的最美好时刻所感受到的行动的毫不费力，也被称为"境界之内"或者"狂热的艺术状态"（1997）。当儿童完全沉浸其中时，他们感觉自己是某个更伟大的事物的一部分，他们知道自己做的事情本身是值得的，不需要任何外在的奖励。

埃琳·奥利弗·基恩（Ellin Oliver Keene, 2014）在其著作《吸引儿童参与：激发K—8年级学生深度学习的内驱力》（*Engaging Children: Igniting Drive for Deeper*

Learning K–8）中定义了参与的四大支柱。

1. 知识紧迫感：儿童在遇到困惑并寻找解决办法的过程中，表现出"我必须要知道更多"的感觉。家长和教育者可以通过为儿童提供开放性材料，挑战他们的思维和调动他们的好奇心来促进他们的知识紧迫感。例如，不同大小的易拉罐和木制积木可以挑战儿童的建构能力。

2. 情感共鸣：当某个经验附着强烈的情感时，儿童将学习并能够描述他们学到了什么。把儿童的工作拍下来，并与他们分享照片。给儿童机会描述自己在使用叶子、松果和豆荚等自然材料进行艺术创作时的感受。

3. 视角调整：儿童注意到了他人的知识、想法、兴趣和情感对自己的影响。同时，他们对自己的信念和想法如何影响他人尤其感兴趣。把你的想法与儿童分享，同时邀请他们分享自己的想法。为儿童创造机会与他人一起工作，并讨论为什么合作如此重要。你可以通过带领儿童去公园进行户外活动来做到这一点。在公园里，儿童可以探索沙池里不同的容器和筛子。

4. 审美世界：当儿童参与活动时，他们会被某个看上去很漂亮、令人兴奋或者审美上令人愉悦的物品感染，进而描述它。给儿童阅读带美丽插画的图书，为他们展示知名艺术家的作品，或者带他们去社区散步并赞美大自然的美。给儿童瓶盖、玻璃珠、彩色毛毡球和自然材料，让他们用这些材料创作短暂的艺术作品。这种艺术作品不需要胶水或永久保持，因此可以被改变或者调整。

儿童在投入探索时会发展特定的技能。在本部分中，我们将更详细地分析其中的一些技能。

支持儿童参与的机会和可能性

- 给儿童提供工具和材料，支持他们的想法和兴趣。
- 给儿童提供可以设计、探索和验证想法的地方。
- 慢下来，进行游戏和参与令人愉悦的探索。
- 请记住，无聊是创造的起点。后退一步，给儿童机会，让他们发现自己的兴趣。
- 抑制干扰儿童活动的冲动，因为他们需要空间和时间全身心地投入探索中。只在儿童需要帮助的时候介入。
- 在一日流程中保持灵活性，因为儿童需要时间游戏、探索和休息。
- 鼓励儿童独处，独处是儿童进入"创造王国"的方法之一。我们都需要时间进行反思。

第 10 章

专注力

一种常见的错误观念是，儿童集中注意力的时间很短。然而，当我们观察游戏中的儿童时，我们看到他们可以在很长的时间里集中注意力。当他们探索吸水珠时，儿童的好奇心被调动起来，他们看见珠子吸水膨胀、离开水就收缩。儿童充分参与并专注于发现答案和创造不同的方法来使用吸水珠。当成人花时间观察这种游戏时，他们将发现儿童已经知道了什么。他们可能问这样一些问题："你知道了什么？你对什么感到惊讶？你想学习什么？"这种策略让儿童知道，他们的知识和兴趣受到重视和尊重。儿童在进行令他们着迷的探索时全神贯注。观察正在探索物品浮沉的儿童：他们假设、测试、分析为什么一个物品沉下去而另一个浮起来。当儿童的好奇心占上风时，他们的专注力便得以增强。

连接的魅力

看见塑料高尔夫球被毛根连接起来，我并不感到惊讶。哈里森安静地坐在厨房的地板上，专注地用毛根从高尔夫球的洞里穿进穿出，把球连接起来。最近，哈里森沉迷于连接物品。他把火车轨道和火车连接起来，并

一直把物品系起来或拴在一起。他把长短不一的管子安装起来制造让水流通过的迷宫。上周，哈里森决定把两根竹竿用尼龙绳连接起来。他专心致志地用手打结。最后，在打了17个结之后，他宣称两根竹竿被系在了一起。此外，他还在我们前廊两侧的栏杆之间来回缠绕绳子，制作了一个陷阱来捉巨人。让他从这个新的兴趣点上分心是很难的。高度的专注力和坚持性会让他在未来实现目标，更好地学习和工作。

86　幼儿园开放性游戏材料：培养儿童必备的七种生存技能

糖果盒衬垫是用于分类宝石的完美容器。

乔伊和弗兰克都有发现迷人物品的本领。他们的发现之一是一些矩形塑料模板,模板上的洞非常适合编织。夏洛特已经学会了用毛根穿过塑料高尔夫球,并准备好应对更大的挑战。她全神贯注地把绳子进进出出地穿过洞,这需要她极其专注,因为她的手和眼需要协调视觉信息和肌肉运动。

第 11 章

儿童是科学家

儿童天生是探索者和科学家,有收集、整理和操作数据的惊人能力。就像科学家一样,儿童有能力提出和检验假设,分析发现,建立连接并再一次检验它们。我们常常认为,幼儿是具象思维者,他们基于所见所闻做出推理。然而,有些研究者认为,学龄前儿童有能力联系世界上的原因和结果,认识到这些联系是由基本定律而不是神秘力量支配的(Gopnik et al.,2001)。这类研究已经表明,儿童有能力进行抽象思考,证实幼儿的探索和分析能力比我们所认为的更复杂。认识因果关系的能力和抽象思维是儿童发展的重要步骤,能够支持儿童在未来的学业追求中获得成功。然而,重要的是牢记,儿童不会从学业训练的轰炸中获益。他们会从游戏和观察他人的行为中学习。

儿童需要游戏。在游戏中,儿童通过不同的重复模式进行试验,沉浸在学习的乐趣中。游戏给了儿童机会，让他们试验和验证自己的想法、探索新的可能性以及理解行为与决策的结果。在假装游戏中，他们想象自己会成为谁，在未来扮演什么样的角色。这让他们做好准备，更好地预期意料之外的情况和接受改变。当你计划一周的活动安排时，考虑增加一些让儿童玩开放性材料的时间。不要急于开始下一个活动，后退一步，让自己放松。你要相信儿童有深层知识而且喜欢生发和探索精彩的想法。猜测并形成精彩的想法是一个积极的过程，它始于儿童的好奇心，通过询问他们感兴趣的问题得到进一步拓展。儿童是知识的探求者，往往把科学探究运用到他们的探索之中。后退一步，让你想介入儿童游戏和教他们知识的欲望平息下来。通常，当我们打断儿童的游戏时，我们会剥夺他们进行科学探究的兴趣和注意力。回忆一下，当你正要发现一个问题的答案、一个新的解决方案或者即将完成一个项目时，电话响起来了，你的探索因此被打断了，你会感到很沮丧。重新获得那种专注力很困难。作为成人，我们学会了应对沮丧和冲动情绪，但是儿童才刚刚发展自我管理的技能。他们越经常玩开放性材料，就越能感受到探索和科学探究的乐趣，这引导他们积极探寻知识。玩开放性材料激发儿童的好奇心，让他们建构与科学相关的技能。开放性材料允许他们做决定，验证和回顾自己的想法，完成任务。而且，儿童完成任务所需要的专注力是自我驱动的。

小小科学家

切尔茜的父亲埃迪指出，切尔茜为材料的质地着迷。从婴儿期开始，她就喜欢触摸和轻抚材料，比如她最喜欢的毯子的丝绸边缘。她也喜欢躺在天鹅绒般的小毯子上。一天，在去祖父母的新家拜访的时候，切尔茜睡着了。趁她睡午觉的这段安静时间，埃迪摆放了一些质地多样的材料，让切尔茜醒来后探索。切尔茜下楼后发现埃迪坐在一块地毯上，旁边放着一些她不熟悉的、诱人的物品。切尔茜小心地接近这些材料，抓起一条丝绸围巾，然后放到唇边。她把围巾递给埃迪，向他展示自己的新发现。切尔茜继续一次捡起一条围巾，好像在确认它们都是丝绸的质地。埃迪把一条围巾穿过一个硬纸环，然后举起围巾的一角让切尔茜抓住。切尔茜抓住围巾的一端，轻轻地拉扯，直到围巾从硬纸环中滑落。她微笑着，展现出完成任务后的满足感。切尔茜的身上反映了科学家的特质：她观察力敏锐、好奇而且验证新的想法。

第 11 章 儿童是科学家

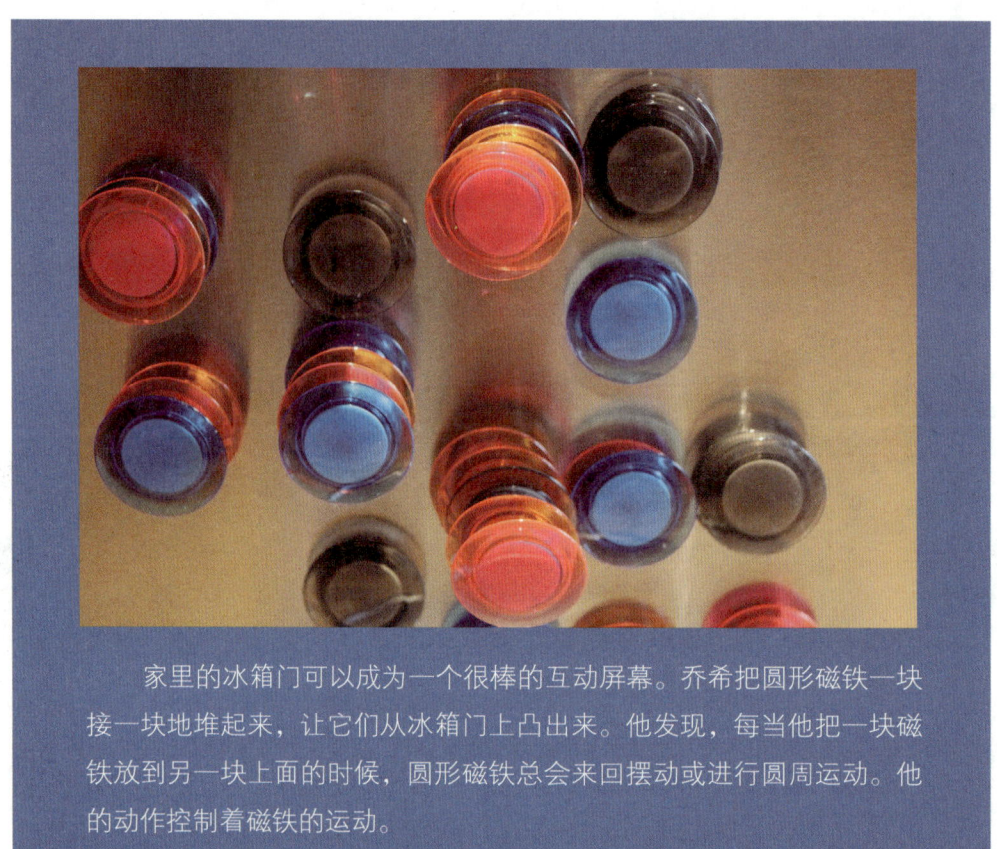

家里的冰箱门可以成为一个很棒的互动屏幕。乔希把圆形磁铁一块接一块地堆起来，让它们从冰箱门上凸出来。他发现，每当他把一块磁铁放到另一块上面的时候，圆形磁铁总会来回摆动或进行圆周运动。他的动作控制着磁铁的运动。

第 11 章 儿童是科学家

第 12 章

能动性

当儿童有能力就直接影响他们的情境做出有意义的决定和选择时,他们就成为引起改变的能动者。这是一种儿童需要具备的能力,我们称其为"能动性"。有了这一能力,儿童才能拥有幸福感和强烈的身份意识。它涉及负责任、有觉察力、有动机和积极参与。当儿童具有能动性时,他们愿意积极地做出对他们的家庭、社区和世界而言有意义的改变。

美国哈佛大学心理学教授杰罗姆·布鲁纳(Jerome Bruner)在《文化与教育》(Culture and Education)一书中表达了文化能动性的重要性:"文化塑造头脑,它提供了一个工具箱,我们不仅可以用它来建构我们的世界,还可以用它来建构我们有关自己和自己的力量的概念。"（1996，p. 36）当家长与儿童分享他们的历史和传统时，他们就在为儿童提供一个概念系统，使他们的世界系统化。儿童由此可以推测自己的历史，在未来，他们也许将自己视作拥有历史且有能力创造积极未来的能动者。当儿童相信自己是改变世界的能动者时，他们就会拥有远大志向和抱负，产生自信心，成为乐观主义者。

能动性不仅指引发改变的能力，还包括见证改变过程直到完成改变的能力。这要求儿童保持灵活性，有办法面对成功和失败。开放性材料给儿童提供了多样的机会去验证想法，探索不同的结果和想出不同的策略。例如，把一根管子放到另一根管子上保持平衡的过程，不仅促使儿童探寻问题出现的原因，还会促使他们提出、检验和评估替代性解决方案。当玩开放性材料时，儿童的能动性驱使他们持续探索，直到获得满意的结果为止。当儿童拥有充足的时间以及支持他们学习的同伴和成人时，他们就可以发展能动性和独立性。当我们关注儿童时，我们可以找到通过询问探究性问题来鹰架他们学习的时刻。只有当儿童努力解决问题而不是由成人告知答案时，深度学习才会发生。认识到这一点使我们明白，儿童需要用更长的时间来解决问题，以及培养解决问题所需要的耐心。儿童游戏的一个最重要的特点是，儿童具有想象力，他们也有能力操作开放性材料来回应自己的创造性想法。当能动性产生时，儿童将沉浸于他们的求知欲。

椅背上的编织物

强劲的风把美国加利福尼亚州北部山火产生的浓烟和灰烬吹到了萨克拉门托山谷。浓烟持续了好几天，导致空气质量下降，阻止了儿童的户外游戏。一直待在屋里让凯特有些焦躁不安，她把客厅中的一张椅子的椅背变成编织布条的地方。她在一个装满布条的篮子里挑选，轻抚不同布条的质地：粗糙的粗麻布、毛茸茸的灯芯绒和黏黏的地毯等。她把光滑的丝带放在脸颊上摩擦。首先，她让布条从椅子的木板上垂下来，然后从里到外、从上到下地缠绕、编织。接下来，她开始运用新获得的技能——打结。她用布条一次又一次地包住椅子腿，用上、下、拽的打结方法保证每一个布条都被系牢。她的工作

是能动性和坚持性的真实证明，因为她提出了一个创造性想法，并坚持实现它。

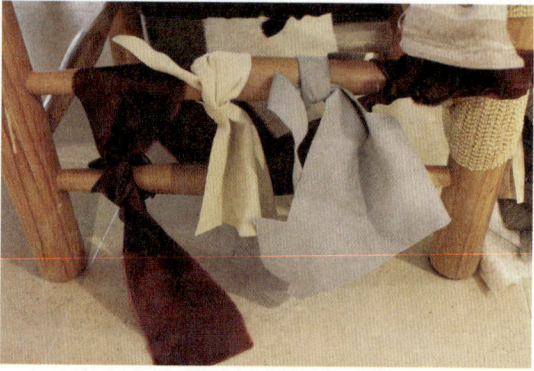

卡茜迪把鸟食舀到不同大小的量杯里,之后她专心致志地看着鸟食从她伸出的手指中漏下去,然后再从一个杯子倒入另一个杯子里。她正在了解自己控制行动的力量以及自己学习体积、数量、轨迹、满和空等概念的能力。

第 13 章

独处的力量

  我们多么渴望拥有一些安静的时刻，可以坐在户外思考我们的生活！那些独处的时刻有一种让我们的身心恢复的力量。独处帮助我们学习新的做事方式，更具创造性地思考并调节情绪。这些有力的独处时刻可以帮助我们自我管理情绪，发展同理心和提高社会技能。可是，我们身处持续变化的社会中，我们期待儿童总是参与活动与游戏。当看见他们安静地坐在一边时，我们可能给他们贴上"害羞"的标签。然而，当儿童独自游戏时，他们可能正沉浸在抽象思考中，比如思考一个新的想法、理解一个新的过程，或者只是思考自己什么时候准备好和其他儿童一起游戏。

  我最小的女儿曾经就是喜欢独处的人。许多成人认为她害羞，常常迫使她做一些让她感到不舒服的事情。长大成人后，她告诉我当人们认为她很害羞的时候，她其实只是在观察和确定什么让她感到安全，思考自己想做什么。如今的她具有敏锐的观察力、反思力，对自己的情绪敏感而且乐于支持他人。她富有洞察力，可以很轻松地弄清楚人们需要什么。

美国著名的脑神经科学家布鲁斯·佩里（Bruce Perry, 2016）认为，当儿童独自游戏时，他们从自己脑海中提取图像、想法和概念，然后用一种对自己而言有意义的方式重新组织它们。在独处过程中，儿童心中萌发希望，他们许下心愿，憧憬可能的未来。儿童需要独处，远离频繁的刺激，从而在游戏和学习过程中获得深层知识与观点。

无聊是很有价值的。在看似无聊的状态中，儿童仔细思考并计划如何创造性地参与游戏。正如米丽娅姆（Miriam）讲述的那样，"我的孩子们小时候，有时会抱怨无聊。我的标准回应是，'好吧，无聊是创造的开始'。然后，我会引导他们发现一些他们感兴趣的东西。很快，他们就会加入富有吸引力的游戏探索中"。

避免在儿童一无聊时就立刻给他们提供娱乐项目。相反，给他们一些无聊的时间。在无聊中，儿童的内心世界将变得朝气蓬勃。这个重要的过程是在儿童独处时形成的。独处时，儿童可以切断外界的刺激，避开那些认为儿童需要不断游戏而不停地徘徊在儿童周围的成人。当儿童不被要求持续参与日常活动时，他们会更关注内心，他们的创造力将得以发展。他们会用开放性材料创造玩具、迷人的"小小世界"和"宏伟"的建筑。他们在游戏中变成演员，将石头变成电话，将积木变成舞台，可能性无穷无尽。

像宝石一样的塔

如果你想自己待着，那么玛丽娜家里楼梯间的窗台是一个完美的场所。你可以坐在宽敞的窗台上把小木棒和晾衣夹夹在一起、用海绵建造塔、用鞋带穿珠子、折纸、用线创造图案，或者干脆什么也不做。在下雪的晚上，玛丽娜喜欢用一条舒服的毯子把自己裹起来，然后望着窗外的鹅毛大雪在路灯下飘落，直到整个世界都变成白色。有时，当她需要安静的时候，她就把百宝箱带到窗台上，用她珍爱的箱子里的物品——毛毡碎片、纽扣、破碎的耳环、钥匙、细绳、打结的领带和软木塞等——创造属于自己的故事。今天，窗台上有一个惊喜在等着玛丽娜：一篮子可重复使用的彩色冰块和小夹子。她很高兴，安静地用像宝石一样的冰块建造塔和墙。此时，阳光照在冰块上，在窗台上折射出彩色的图案。

第 13 章 独处的力量 101

用竹叶做的蛋筒在明希的家中被用来盛放不同的食物，包括水果、小吃和其他手指食物。今天，明希有了属于自己的安静时间，她的妹妹正在午睡。她假装玻璃石是糖，在每一个蛋筒里都装满了糖，并将它们放在临时的展示台上。

第五部分

冒　险

冒险的能力

身体冒险

社会情感冒险

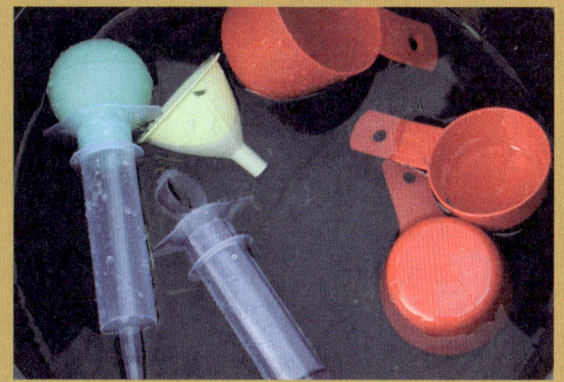

智力冒险

学龄前儿童有无限的聪明才智，这并不奇怪。真正让人惊讶的是，我们让他们成为测试和达成标准的对象，而这些测试和标准强调的却是他们大脑中最迟钝的部分。

——埃丽卡·克里斯塔基斯

当我们想到冒险的时候，跳伞和攀岩的场景就会出现在脑海中。在这些活动中，一个错误的步骤就意味着严重的受伤或者死亡。然而，冒险不必涉及危险，只需要涉及不确定性或者冒险的感觉。

我们都记得从高处（或者我们认为的高处）跳下、在一条绳子上荡秋千、使用铁锤或者螺丝刀、在篝火旁烤棉花糖或者玩躲猫猫时的激动心情。冒险所带来的兴奋感和激动心情是童年的难忘经历，因为冒险兼具自由的乐趣和恰到好处的恐惧，所以让人感到极其兴奋。

儿童天生就喜欢冒险。研究表明，冒险是儿童获得最佳发展与学习的必要条件。游戏自然涉及某些冒险因素，因此我们需要重视安全问题。不幸的是，出于恐惧心理，我们正在创设"过于安全"的环境，它给儿童呈现了一种不同类型的危险。蒂姆·吉尔（Tim Gill）在他的著作《没有恐惧：在反对冒险的社会里成长》（*No Fear: Growing Up in a Risk Averse Society*，2007）中指出，在一个不允许冒险的社会里成长，意味着儿童不能恰当地评估自身的安全。因此，许多儿童变得胆小，不愿意参与游戏，或者难以理解自己所面临的冒险情境，觉得这会使他们陷入麻烦。生活充满了冒险和挑战，如果我们想让下一代在未来成功地驾驭现在尚未出现的工作，我们就需要给他们提供冒险的机会。

作为母亲和早期教育者，我至今记得当看到我的小女儿倒挂在一棵树上或者看到她用铁锤把钉子敲到一棵树桩上时的恐惧和担忧心情。我必须要评估自己的"安全罗盘"，权衡游戏的益处和孩子所冒的风险。我的导师帮助我评估我的恐惧和应对恐惧，在他的指导和支持下，我学会了给我的女儿们进行冒险的机会。当她们测试自己的能力时，我小心地看着。我很快地认识到，只要相信孩子并把主要的危险因素控制住，他们就会发展权衡风险的能力。这一认识帮助我改变了对冒险的看法。我开始相信，我的女儿们知道自己的能力极限在哪里。我学会了给她们提供参与有挑战性的"真"游戏的机会，同时也尽可能地减少危险因素。真游戏意味着冒险，而冒险会给儿童带来诸多益处。

- 促进身体、社会性和认知发展。
- 允许儿童面对犯错的风险并应对其后果。
- 鼓励儿童满怀愉悦和热情地拥抱生活，而不是害怕面对生活。
- 支持儿童风险评估能力的发展，使其能够将自己的能力与环境要求相匹配。
- 帮助儿童意识到真正的危险情形，避免落入麻烦之中。
- 培养能动性和回弹力。
- 支持儿童获得能动性和对自己世界的控制力。

- 为儿童提供练习独立思考和反思能力的机会。
- 促进社会互动和合作游戏。

如今，许多儿童花太多的时间在室内看电视、玩电子游戏或者参与由成人主导的活动，他们参加自发性游戏的机会非常有限。受文化、社会和经济因素的影响，儿童的生活越来越受到限制。他们独自探索社区或者在无人陪伴的情况下去树林里散步的机会大量减少。转变我们对于冒险的认识，同时为儿童提供玩开放性材料的机会，尤其是在户外玩大型开放性材料的机会，对支持儿童的风险分析能力发展大有帮助。

支持儿童冒险的机会和可能性

- 创设关注学习而不是正确答案的环境。由于智力冒险可能有一定的挑战性，因此儿童需要拥有允许他们犯错以及验证自己的想法和假设的安全环境。
- 允许儿童犯错并寻找替代性解决办法。给他们时间验证自己的想法和假设。当儿童玩积木时，他们会一直进行建构直到对自己所搭建的结构感到满意为止。在这个过程中，当他们感到沮丧的时候，支持他们后退一步调整自己，然后再一次回到游戏中。儿童对于控制自己的情绪越自信，就越能保持思维的灵活性。
- 和儿童一起开玩笑和大笑。当儿童了解到生活并不总是那么严肃时，他们就会更轻松地度过困难时期和充满挑战的瞬间。
- 后退一步，给儿童游戏和做选择的机会。避免干扰儿童的游戏，只在儿童要求帮忙的时候提供帮助。相信儿童，这样做有助于儿童建立自信心，对自己的能力持有积极看法。他们将更愿意扮演领导者的角色，在创造性项目中引导他人。
- 提供不同的开放性材料，让儿童获得对游戏的掌控力，而不是给他们购买那些一旦被掌握了就变得无用的玩具。
- 让他们从失败中学习，而不是保护他们免遭失败。当儿童在攀岩的过程中擦破了膝盖上的皮肤，但坚持爬到山顶的时候，他们就会确信自己可以很快地克服困难。这些将很好地帮助他们在童年时期做出有关冒险行为的其他决定。
- 让儿童发现自己取得了成功。他们需要体验因实现目标而产生的兴奋感。在游戏中取得成功有助于儿童从过去的失败和沮丧中走出来，带给他们坚持不懈的精神，让他们即使是在很不舒服或者认为任务太困难的情况下也能一次又一次地尝试。

拥抱回弹力哲学，相信儿童的恢复能力和他们从不利结果中学习的能力。

第 14 章

冒险的能力

从反思你自己的"安全罗盘"开始，搜索你关于游戏的记忆，回顾你在童年时期的冒险行为。你从那些经验中学到了什么？你重视游戏过程和学习吗？现在，思考一下，如何为儿童创造空间，让他们有机会拥有自己的游戏记忆。平衡风险和益处。孩子们用小型开放性材料进行建构活动时在学习什么？我们是否可以控制自己对儿童可能存在窒息危险的担忧，进而允许学习发生？你会对生活环境里的什么地方进行调整，让儿童参与游戏？例如，你可以把厨房橱柜最底层装的物品换成塑料、金属和木质的容器供儿童游戏和探索吗？

在厨房里游戏

当爸爸做饭的时候，妮科尔把锅拿出来，开始将不同大小的盖子和锅匹配起来。过了一会儿，她注意到爸爸在使用不同的木质勺子搅拌正在烹饪的食物，于是她开始模仿他。爸爸邀请她站到一把椅子上，在他的直接监护下，妮科尔开始帮助爸爸烹饪。妮科尔得到了家人的信任，因为她证明了自己在厨房里有应对风险的能力。她的家人知道，要给她提供一个探索的空间，而不是为了安全禁止她进入厨房。妮科尔也知道，只能在成人的陪伴下进入该区域。可见，她已经发展出了强大的"安全罗盘"，并成功地使用它。

在一次拜访祖母的过程中，特瑞妮蒂发现厨房里有一些她上一次来时没有看到的材料。起初，她踌躇不前，仔细观察。在对它们进行评估之后，她冒险走近观察并触摸这些材料。她用瓶盖装满自己的锅，然后开始搅拌。

看一个球从一块放在楼梯上的凹形板上滚下来，是令人兴奋的。儿童天生就会寻找有一点挑战性和刺激性的游戏。当他们跟随球从楼梯上跑下来时，随之而生的紧张感有助于他们评估自己的冒险能力。

第14章 冒险的能力　　111

第 15 章

身体冒险

你还记得儿时自己从小山丘上滚下来、追逐其他儿童、从滑梯上俯冲下来、和同伴摔跤、跟兄弟姐妹进行枕头大战以及用树枝或者木质暗榫搭建栅栏吗？这类游戏需要身体冒险，涉及种类繁多的身体行为，它们是追逐打闹游戏的一部分。追逐打闹是动态的、充满乐趣的和儿童自发的，它不受时间和日常规则的限制。它促进儿童的身体健康，帮助儿童放松身心并支持他们的整体发展与幸福。不幸的是，成人认为追逐打闹游戏是攻击性行为，因而阻止儿童进行这种游戏。当我们仔细思考追逐打闹游戏的重要性时，我们就会发现它的价值。

在《亲子打闹游戏的艺术》(The Art of Roughhousing: Good Old-Fashioned Horseplay and Why Every Kid Needs It)一书中，安东尼·德贝内德特博士和劳伦斯·科恩博士（Dr. Anthony DeBenedet & Dr. Lawrence Cohen）指出："最重要的是，打闹游戏虽然是吵闹的，但不危险。只要牢记安全，打闹游戏就可以释放每个人的创造性生命力，把我们从束缚和僵化中解放出来。"大肌肉身体游戏可以激活身体和大脑的许多部分。塞尔吉奥·佩利斯（Sergio Pellis）是加拿大艾伯塔省莱斯布里奇大学（University of Lethbridge）的研究者，他认为追逐打闹游戏支持大脑额叶皮层和海马区形成新的神经连接。这些区域负责记忆、学习、语言、逻辑和高级执行功能（Pellis, Pellis, & Bell, 2010）。追逐打闹游戏还会激活负责处理情绪的杏仁核，以及负责复杂动作技能的小脑。雅克·潘克塞普（Jaak Panksepp, 2014）在他的著作《情感神经科学：人类和动物情感的基础》(Affective Neuroscience: The Foundations of Human and Animal Emotions)中，把身体游戏和学习联系起来。他认为，通过追逐打闹游戏，儿童的行为变得灵活，富有创造性。追逐打闹游戏还让儿童有机会在不担心后果的情况下犯错，同时促进了儿童的改变规则以及验证新想法的能力发展。

惊险的打斗游戏

在一个阳光明媚的日子里，马塞尔、亨利和爸爸到公园里玩硬纸管，这些管子是一家打印店送给他们的。他们通过管子看周围环境，站在管子旁边测量他们的身高，让管子保持平衡并用它们触碰篮球筐。随着游戏的推进，管子变成了棒球棒。当亨利挥动管子时，他打到了马塞尔，然后一场惊险的打斗游戏开始了。爸爸加入进来，他们的笑声感染着彼此。他们练习来回移动，用管子触碰彼此的身体。他们协商规则，然后达成一致意见，即如果其中一人说停下来，其他人就要停下来。这个游戏持续了一会儿，后来他们觉得累了就停下来，结束了游戏。使用偏软的硬纸管是儿童玩追逐打闹游戏的安全方法，有助于儿童学习协商，了解其他人的身体语言。马塞尔和亨利不仅进行了大量的身体挑战，还发展了社会情感冒险能力。

第 15 章 身体冒险 115

当你把一个球扔到空中并尝试接住时,就会有一定程度的风险。你所有的身体能力都被用于游戏。你需要用大肌肉推动球运动,当球落下时仔细观察,并运用反射动作伸手接住它。把装牛奶的容器变成一个接球工具,让接球变成一项更具挑战性的活动。

第 16 章

社会情感冒险

想一想当你用好几天来完成一个项目的时候，你可能要思考、计划，然后执行想法。接下来就到了进行情感冒险的时间，你会与其他人分享你的工作。你不知道他们是喜欢你的工作，提出修改建议，还是批评你的工作。你只知道，你很辛苦地工作，而且对你取得的成果很满意。回想一下当你遇见一群陌生人的时候，你必须进行社会性冒险并加入他们的对话。社会情感冒险是日常生活中经常发生的事情。

游戏为儿童提供了同时进行社会性冒险和情感冒险的多样机会，它们帮助儿童获得对环境的掌控感，发展能动性，增强自我认同感。当儿童玩开放性材料时，他们获得了行动自由和选择自由，通过协同工作解决问题。在游戏中，儿童使用有助于他们提升自己的独立性的技能，这使得他们发展自主性并获得成为机能完善的成人所需要的经验和自信。游戏给儿童提供了明确规则、进行协商、学习有效地争论和交流的机会。他们学习解读他人的身体语言，从而知道什么时候该停止或继续游戏。

玩开放性材料也允许儿童以安全的方式处理自己的感觉和情感。情感产生于大脑的皮层下区域（或杏仁核）和腹内侧前额叶皮层。它们与"战斗或逃跑"的反应相关。通常情况下，人类的情感是相似的。感觉则产生于大脑中的新皮层区域，它包括与情感相关的反应，以及与已有经验、信念和记忆的联系。感觉是我们的大脑给情感赋予意义的方式。

一群把围巾当斗篷披的儿童开始玩追逐游戏。他们假装在飞，每个人都有超能力。杰茜卡加入游戏，彼得抓住了她。她停下来，带着哭声说："停，这不公平。"彼得看着她的眼睛说："我不想让你哭，我们不需要追逐彼此。"彼得和杰茜卡平时经常跟同龄人、家庭成员玩追逐打闹游戏。他们已经学会解读彼此的身体语言和信号，也已经学会回应彼此的需求，并有能力建立同理心，理解他人的观点。于是，他们的游戏转变为使用装满水的瓶子向彼此喷洒。在开始玩游戏之前，他们制定了规则，即他们可以往彼此的脸上喷洒，但必须远离露台，因为他们不想把那里的家具弄湿。他们的协商过程提醒我们，儿童有能力评估彼此的感受，并在讨论过程中尊重彼此的观点。

彩色壁画

阿伦用彩色的瓶盖在客厅的地板上创作了一幅壁画。午饭过后，他的朋友贾森过来和他一起玩，不过阿伦仍然沉迷于用瓶盖进行艺术创作。贾森问阿伦是否到户外玩球，阿伦听而不闻，继续创作壁画。贾森走到地板上的壁画前，拿走阿伦的瓶盖。阿伦转过身来很大声地对贾森说："不，我正在使用这些瓶盖。"贾森看着阿伦，意识到他没有生气，只是在保护自己的作品。他问阿伦："我可以帮忙吗？"阿伦点点头，给贾森挪出了一点位置。过了一会儿，他们到户外玩球去了，度过下午剩下的时光。

阿伦的父母意识到，阿伦提高音量是出于保护作品的动机，而不是攻击性反应。他们知道，当孩子们寻找一起游戏的空间时，他们是在进行情感冒险。他们认为，孩子们有权拥有所爱之物，并对它负责，也有权保护他们辛勤工作的成果。当儿童把一种积极的感觉与某种情感联系起来时，他们在未来就不太可能大喊大叫。阿伦也将学到表达感觉的不同方式，从而获得一种更理想的结果。在成人的指导下，贾森和阿伦学会了以尊重、支持的方式回应彼此的需求。

第 16 章 社会情感冒险

第16章 社会情感冒险 123

124　幼儿园开放性游戏材料：培养儿童必备的七种生存技能

什么更有趣？用带子把攀爬架包起来，还是把带子取下？马塞尔和亨利似乎很享受整个活动过程。他们很放松，他们的笑声表明，他们俩相处得很好。在游戏和创造中，他们进入了"心流"状态，他们的情绪十分平和。

第 16 章 社会情感冒险

第 17 章
智力冒险

问问题、分享想法、学习新知识都是智力冒险的形式,因为它们让学习者处于犯错或者逊色于别人的风险之中。智力冒险是一种适应性行为,因为从事这类冒险活动的益处远远超过其结果(Beghetto,2009)。进行智力冒险要求儿童面对恐惧、焦虑以及成功与被接纳的不确定性。在智力冒险中,他们建立协商能力,如达成一致意见和做出明智的决定。3 岁的迪戈已经拥有大量关于火车和火车如何工作的知识。他知道《蒸汽小火车托马斯》(*Thomas the Tank Engine*)中的每一个角色,而且可以很自信地给你讲他们的故事。当儿童对一个话题感到自信时,他们会更加倾向于问问题、参与讨论和探索不同结果的可能性。

智力冒险与21世纪及其之后社会所需的大量技能有关。21世纪学习联盟（Partnership for 21st Century Learning）已经明确了儿童在未来的劳动力市场中高效工作所需要的思维、创造力和创新技能。他们提出，儿童需要具备的一个重要特征是，理解创造和创新是一个长期的周期性过程，这个过程需要适应力、灵活性和知识。在获得成功以前，失败必然会发生，调整并持续探索新的可能性将引导儿童把失败视作学习的机会。当儿童分享观点时，他们在增强自己的身份认同感，认为自己是能干的、有能力的探索者和学习者。他们学习挑战自己的思考，冒险丰富自己目前的知识和对于世界运作方式的理解。智力冒险也和创造力、元认知（即对思考过程的觉察和理解）相关，它们都是学业成功的重要前提。虽然没有关于创造力的一致定义，但是研究表明，智力冒险常常被认为是有创造力的人的基本特点（Tyagi et al., 2017）。元认知包括把我们自己视作学习者，它支持我们制订计划、增进认识和决定使用哪种策略来实现目标。元认知赋予儿童进行自我评估的能力，即评估自己的想法是否可行或者如何才能让它变得可行。当儿童有机会创造、验证和提出一个新的想法时，他们会了解，他们的想法既有可能被顺利地接受，也有可能遭到批评。不管是哪种情况，儿童都在进行非常有价值的智力冒险。

球会滚多远

胡安、阿里安娜和伦纳德在后院找到一块很大的木板。他们注意到这块木板可以变成一个斜坡，便开始想办法搞清楚如何把木板支起来创造不同的倾斜度。他们在斜坡上滚下一个球，观察它会滚多远。他们提出假设并讨论了自己的想法，然后在斜坡上加了一条橡  胶轨道来拓展斜坡的长度。他们用了一上午来检测不同的倾斜度和不同种类的球，看看它们分别能滚多远。他们进行了一系列的预测，并运用不同的方法验证这些预测。胡安建议把他们的想法记录下来。阿里安娜跑到房子里，带了一些笔和纸回来。他们开始讨论谁负责滚球，谁负责记录结果。他们仔细地计划并实施他们的策略。伦纳德走到房子的一侧并带回来一把尺子，他解释道："现在，我们就可以知道它们真正滚多远了。"

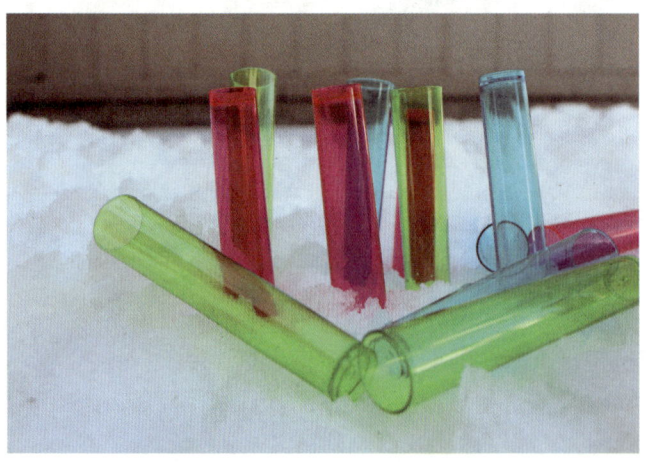

128　幼儿园开放性游戏材料：培养儿童必备的七种生存技能

平衡、抗拒地球引力和用积木建造较高的结构，深刻地挑战着儿童的智力。他们必须考虑不同形状和大小的积木为他们提供的多种可能性与挑战。

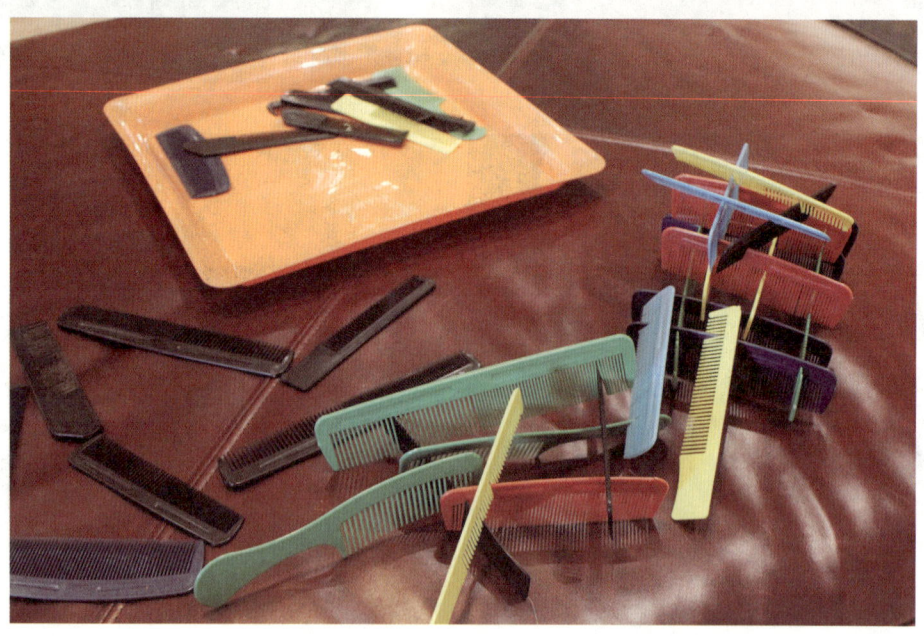

第六部分
创新思维

创新循环

设计思维

求知欲与好奇心

不确定性与模棱两可

> 如果一个孩子想要保持天生的好奇心……那么他至少需要一个能够与他一同好奇的成人陪伴他，和他一起重新发现我们所生活的世界中的喜悦、兴奋和神奇。
> ——蕾切尔·卡森（Rachel Carson）

机器人、智能系统、3D 打印、太阳能和生物技术只是我们用来解决日常问题的一部分先进技术。除了这些令人不可思议的先进技术之外，我们还要解决各种各样的社会经济问题，比如人口、地缘政治、全球变暖和供应链管理问题等。面对这些挑战，我们已经学会调整我们的思维与技能以适应和满足伴随挑战而来的需求。

随着世界持续地快速变化，儿童教育问题逐渐浮出水面：儿童在 21 世纪甚至是 22 世纪需要什么样的技能、知识和心智倾向？儿童需要什么样的训练来发展这些技能、知识和心智倾向？ 2016 年，世界经济论坛（World Economic Forum）发布了《未来的工作：第四次工业革命时代的就业、技能和劳动力战略》（The Future of Jobs: Employment, Skills, and Workforce Strategy for the Fourth Industrial Revolution）。这份全面的报告明确了人们在未来劳动力市场中最需要的六种技能：

- 创新
- 创造
- 批判性思维
- 解决复杂问题
- 战略思维
- 合作
- 沟通

这些技能对实现创新发挥着关键作用，而这些创新可以解决真实问题和提供有意义的价值。为了让儿童获得这些技能，我们需要重新思考教育体系，从目前狭隘的、由学业驱动的课程转变为更看重智力和创造力参与的过程。独创性、创造力和创新思维是我们作为人的特征，它们驱动我们发展解决问题的能力。儿童需要在游戏和操作中发展未来所需要的创新思维。

玩开放性材料为儿童提供了摆弄材料、进行创造和提出创新性解决办法来引发改变的机会。家长和教育者要通过为儿童提供鼓励他们进行创新的游戏空间，帮助儿童发展他们所需要的多种技能。建造堡垒，是很多人的童年经历。我们当中的许多人都有建造堡垒并和朋友一起躲藏在里面，或者在一个隐蔽的空间里读书的记忆。用床单、毛巾、布料和板条箱建造堡垒的过程很像工程程序。当儿童设计堡垒的时候，他们使用开放性材料并将其转化为可行的系统。他们在创造允许他们做自己的假想空间。当儿童使用开放性材料建造堡垒时，他们也在发展认知技能，因为他们要计算需要多少布料才能覆盖整个堡垒。当他们把布料铺开覆盖板条箱或家具时，他们在试验拉伸和压缩。当他们用一种方法将材料固定在恰当的位置时，他们就在探索堡垒结构的完整性。当儿童玩开放性材料时，他们运用思维和想象力发展空间意识，理解事物如何工作。当我们激发儿童玩游戏和建构个人空间、个人世界的内在动机时，我们就在培养他们的能力和自信。这些是成为创新者所必需的技能。摆弄开放性材料很有价值，因为它允许儿童的大脑进入一种非线性、非被动和非目标驱动的状态。他们将发展思维的灵活性，探索同一问题的不同解决方案。玩开放性材料有助于培养儿童的毅力和勇气，它们是伟大创新者的基本特征。

支持儿童创新思维的机会和可能性

- 记住，当儿童学习新事物时，他们会经历不舒服的时刻。给他们一些支持，帮助他们克服困难，但不要给他们答案。
- 练习提出不同的问题，帮助儿童进行创新性思考。
- 提出具有创造性的问题，帮助儿童进行发散思考或者给出多种可能的答案。
- 提出批判性问题，帮助儿童进一步钻研和探索某一概念。
- 提出感官性问题，允许他们描述物品看起来怎么样或者感觉怎么样。
- 提出需要思考的问题，帮助他们预测可能发生什么或者为什么事情好像不一样。
- 提出历史性问题，帮助他们思考过去发生的事情如何影响今天的我们。对儿童来说，过去的事情可能是几天前发生的事情。
- 提出有关未来的问题，帮助儿童思考未来。
- 提出哲学问题，帮助儿童预测和分析他们的观点可能会引发什么。
- 提供不同种类的开放性材料，让儿童在一整天里自由地使用它们。
- 帮助儿童计划、收集、构思和实施他们的设计方案。
- 鼓励儿童与其他儿童一起探索和玩开放性材料。
- 重视灵活的学习过程，关注智力学习的发展而不仅仅是学业学习。

第 18 章

创新循环

　　创新引发了打破现状的重大变革。这里的"打破"一词并非消极行为，我们将其视为引发有意义的改变、带来积极结果的过程。"打破"意味着我们需要明白，我们学习了什么不重要，重要的是什么让我们感兴趣并促使我们想进一步学习和了解。创新者通过创造性地使用技术来引发改变，或者通过社会革新来促进社会公平。作为教育者和家长，我们需要问自己的一个重要问题是，我们如何帮助儿童掌握必要的技能和知识，让他们在未来成为创新者？允许儿童问问题、探索和改变，可以帮助他们打破现状、投入创新。

　　驱使儿童追随想法和求知的动力也是创新的核心组成部分。这种动力有时候表现为儿童看起来只是在追随一个想法，没有特定的结构。这时，成人就可以引导他们分析自己的工作、提出问题和寻找策略，帮助他们评估自己需要什么来整合自己的想法并取得成果。问一问儿童，他们可能需要什么工具、设备如何工作以及他们怎样让自己的项目向有趣的方向发展。具有创新精神的人从来不接受否定的答案。创新循环涉及持续不断地搜寻可能的解决办法，并在解决办法失败后重新尝试新的办法。创新需要儿童的热情投入，也需要相信儿童有多种学习方式的成人。托尼·瓦格纳（Tony Wagner）在《创新者的培养：如何培养改变世界的创新人才》（Creating Innovators: The Making of Young People Who Will Change the World）中写道："在儿童发展的过程中，游戏、热情和目标一直都很重要，同样重要的还有支持他们热情探索的家长以及对他们的生活有重要影响的教师或者导师。"（2012，p. 102）开放性材料让儿童在追随自己的想法和兴趣的过程中，热情地创造和创新。通过玩开放性材料，儿童将变成成功的创新者和未来的领导者。

消失的勺子

塞巴斯蒂安在家里喜欢到处藏东西。他尤其喜欢把开放性材料塞到不同的小围栏里。一天，厨房里的所有勺子都消失了。家人一头雾水，最后他们在厨房旁边的暖气通风口找到了它们。这展现出塞巴斯蒂安对把一个东西插到另一个里面的兴趣和他的插入图式。意识到这是一个图式行为以后，他的家人愿意给他提供其他的机会让他继续探索插入图式。鉴于他的创新思维和他对家居用品的兴趣，妈妈给了他一个篮子，里面装着漏勺、木榫、空纸巾盒、旧勺子以及放着小管子的旧调料架。他们也给他提供了毛根，让他插入波形塑料瓦中。这些材料转移了塞巴斯蒂安的兴趣，同时让他在探索可以把多少根木榫塞进一个洞里、哪根管子更大以及复杂的计数和排序策略时，继续探究科学、工程和数学概念。

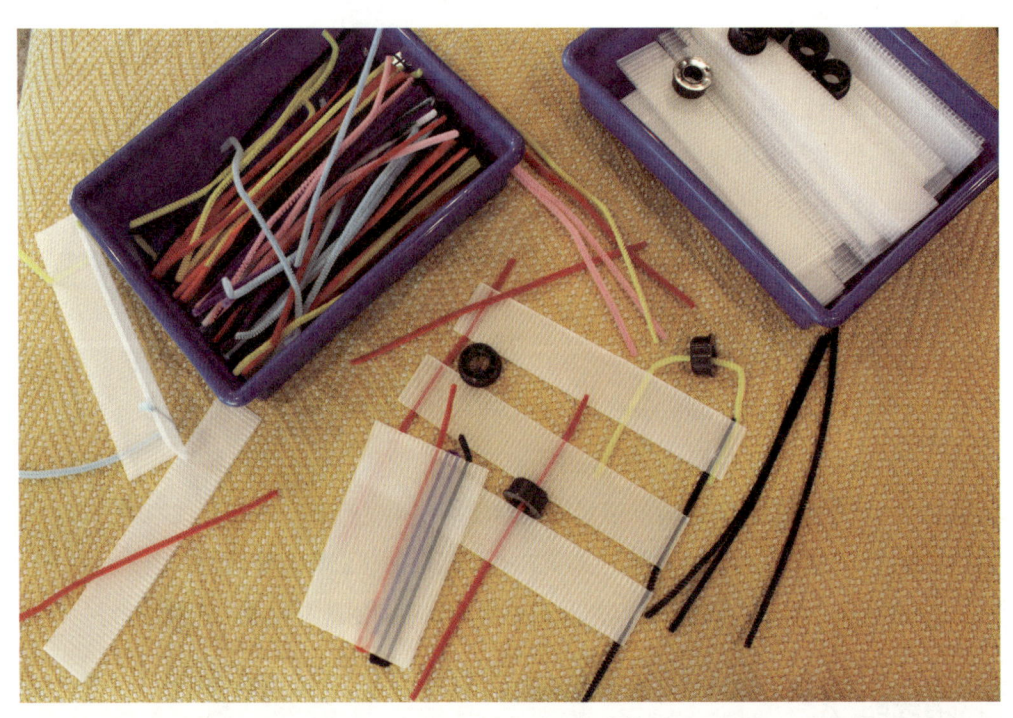

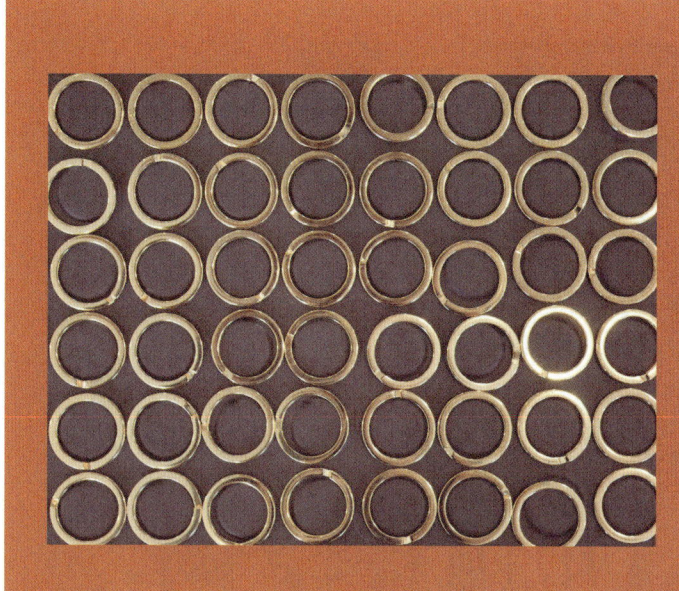

苏玛娅很好奇用金属圆环能做什么。她发现,金属圆环刚好适合鞋垫上凸起的圆圈。这个鞋垫被她当作设计纸。她坚持在鞋垫的每一个圆圈上都套了一个圆环。通过游戏,她用开放性材料创造了一个新图案。

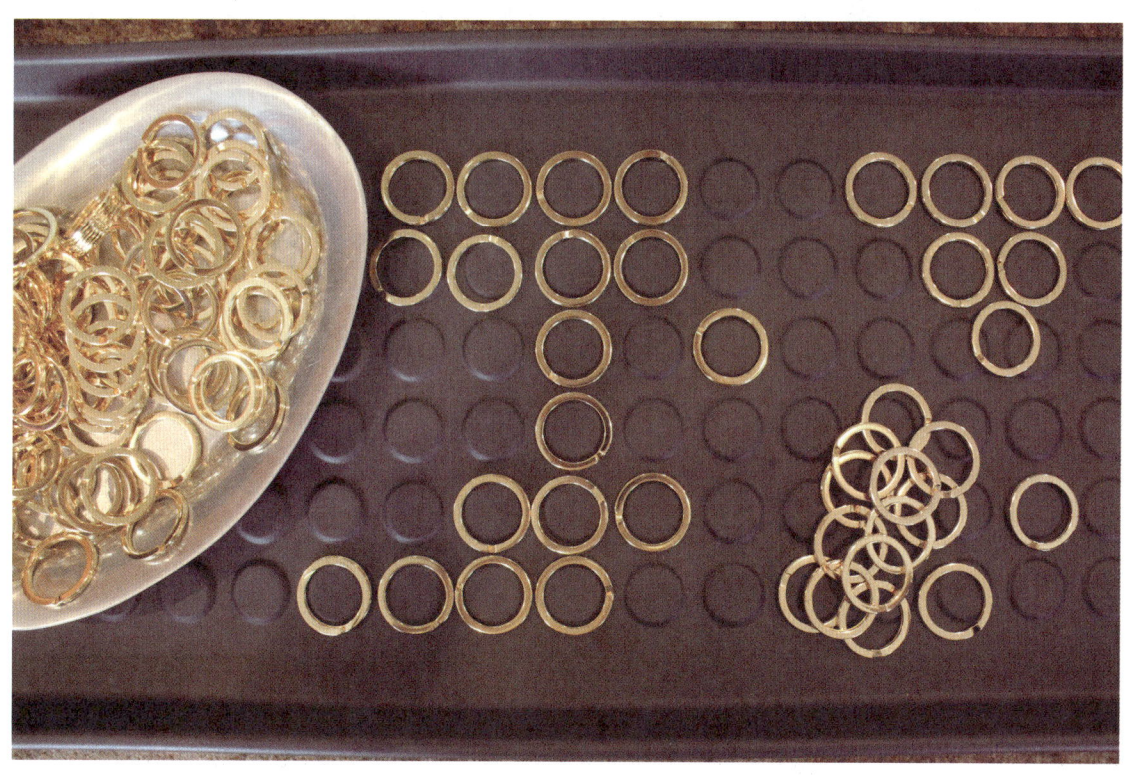

第 19 章

设计思维

解释我们如何工作和我们用于解决复杂的商业问题的策略，本身就是一项挑战。如今的儿童有一天会成为领导者。他们需要重构应对挑战的方法。设计思维允许儿童创造性地思考不同的解决办法，在回应人们的需求的同时支持他们的优势。设计思维的首要原则是同理心，或者用心倾听和观察。同理心建立在"设身处地地为他人着想"的基础之上，它帮助我们理解他人的现实处境，进而满足他人在特定情境中的隐性需求。同理心敦促我们与他人建立联系，敞开心扉接受我们可能还没有考虑过的机会与可能性。玩开放性材料能够让儿童分析和理解不同的观点。开放性材料低结构的性质允许儿童去感受和理解人类的各种情绪。这种与人类情绪的连接是创新和设计思维的重要前提之一。

设计思维是一个协作的过程，它起源于"强有力的大脑聚在一起会更强大"这一认识。当儿童合作解决问题时，他们挑战彼此的观点。通过与其他儿童互动，他们学习重视多样的观点，由此增强他们进行创新和引发变化的能力。玩开放性材料让儿童有机会在搭建建筑物、游戏和解决问题的过程中进行合作和协商。当儿童面对问题时，他们将提出和验证假设，以开放的思维解决问题，并发现不同的解决办法。开放性材料支持儿童的设计思维能力发展，它拥抱儿童的好奇心，帮助他们看到物品的功能和可能性而不局限于物品本身。

收集金属罐

埃里克、苏珊和乔纳森暑假期间喜欢在爷爷家的房子外面玩。本周，他们想用金属罐建造一座塔，但是他们只找到几个金属罐，无法实施他们的计划。爷爷带孩子们到社区里，请邻居帮他们收集金属罐。他们在房子前面放了一个大箱子，每天都去检查他们收到了多少个金属罐。本周结束的时候，他们已经有足够多的金属罐来建造高高的塔了。他们讨论要建多高，并好奇当塔身超过了他们的身高时如何继续把金属罐放在上面。当他们堆放金属罐的时候，它们总是一次又一次地掉下来。儿童不知不觉地使用了设计思维来解决问题。首先，他们观察，当他们尝试把金属罐堆得更高时发生了什么。然后，他们一起讨论，以便发现问题出在哪里。他们认识到，手臂碰到金属罐就会导致它们倒塌。苏珊认为他们不够高，而且草地可能不够平整。他们提出办法来解决这个问题，并寻找替代方案。埃里克建议站在凳子上。乔纳森提议，大家把埃里克抱起来——因为他最小——让他在塔的顶部再放一个金属罐。苏珊认为，他们可以把建造的塔转移到一面稳定的墙旁边，这样他们就可以站在墙上放金属罐了。他们检验了乔纳森的解决办法，把埃里克抱起来，让他在塔的顶部放上最后一个金属罐。他们耐心且热情地坚持尝试，不断调整，最后将所有的金属罐堆成一座高高的塔。找到创新性解决办法的能力，是他们未来获得成功所必备的基本技能。

当托马斯玩木质地板样品时,他告诉爸爸,人们在光滑的瓷砖上可能摔跤,有花纹的瓷砖很难清洗。他意识到了人们的需求,而且他知道人们的需求影响设计。托马斯表现出了同理心,并将人们的需求与它如何影响我们建造、创造和设计物品联系起来。

第 20 章

求知欲与好奇心

儿童是好奇的，我们大部分人都曾经是他们频繁询问"为什么"的对象。当儿童好奇、探索和询问他们周围发生的事情时，他们就在学习。儿童往往被新奇的和具有多种探索可能性的物品吸引。作为成人，当看到儿童用积木、小型木桩和原木片建构复杂的结构仅仅是为了推倒它时，我们会很惊讶。对他们而言，建构的目的可能是对物品如何倒下感兴趣，了解自己对材料的掌控力或者仅仅是对物品倒下时发出的声音感兴趣。重要的是，在这个探索过程中，他们在了解因果关系以及自己对材料的控制力。当儿童在一个容器里装满沙子或者水并将其倒入不同的容器中时，他们在学习有关质量和体积的知识。他们的好奇心和求知欲引导他们进行持续的探索并尝试发现上百万个问题的答案。

我们可以把没有答案的问题留给儿童，让他们探索并寻找不同的答案。儿童可能会寻找特定的答案，但同时也准备好受好奇心的驱使进行更深入的探索。苏格拉底式提问或者探究性问题是激发儿童的创造力的最佳方法之一。探究性问题帮助儿童从寻找正确或错误的答案，转向比较、分析不同的解决办法，接受新的想法，并做出个人回应。探究性问题要聚焦于儿童的兴趣点，让儿童的思考可视化。记住，要结合儿童的背景问问题，否则它们对儿童而言就会变得难以理解。比如，生活在城市的儿童可能没有去农场的经验。因此，要根据儿童当前具备的经验性知识提出问题。观察儿童的游戏并倾听儿童在游戏中说的话，有助于你了解儿童参与探究过程的背景。当儿童有机会探索和满足好奇心时，他们就会发展发散性和创新性的思维能力，正是这种能力让他们持续且热情地投身于深度学习。好奇心鼓励儿童持续产生新的想法，针对复杂的问题提出新的解决办法，从而成长为富有创造力的思考者。

让烛台保持平衡

瑟吉奥在门口的台阶上把一个烛台放到另一个上面，他面对的挑战来自烛台的大小不同。他尝试把一个更大的烛台放到相对较小一些的烛台上。台阶并不完全平整，这又给他的挑战增加了额外的难度。爸爸走过来问："瑟吉奥，我注意到你放在上面的烛台一直掉下来。你觉得是什么造成的呢？"瑟吉奥停止操作，更仔细地观察了一下烛台。他意识到，上面的烛台比底部的大。然后，瑟吉奥坐得离台阶更近一点去检查它们。他说："台阶不是平的，还有这个（指向更大的烛台）要大一点。我要把它移到台阶的另一边，然后把更大的烛台放到下面。"可见，爸爸通过提出探究性问题，促使他进行深度思考，探索更多的可能性。

没有什么比观看物品的表面被水刷过后发生的改变更令人心满意足了。特里妮蒂在浮木上刷水,将干燥的木头从暗淡色变成有光泽的棕色。她继续探索,用不同的刷子把水刷到房子的侧壁上。

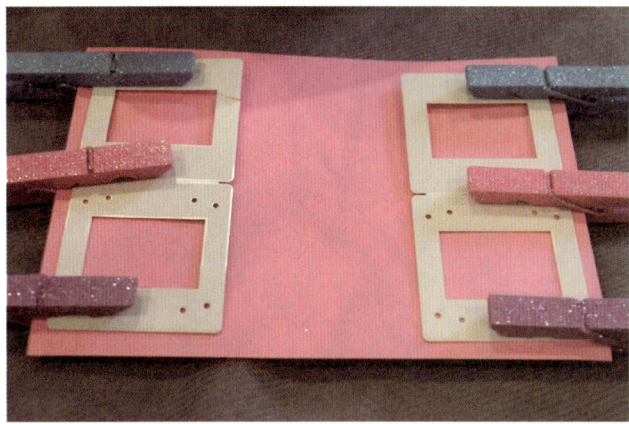

第 20 章 求知欲与好奇心

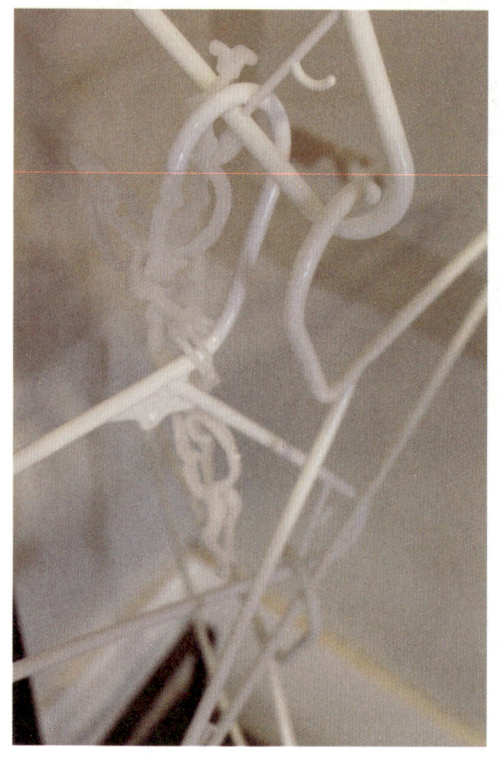

148　幼儿园开放性游戏材料：培养儿童必备的七种生存技能

第 21 章
不确定性与模棱两可

在 21 世纪，你拥有的知识远远不及你用这些知识所做的事重要。模棱两可的世界才存在创新，这里所有的情境都有不确定性，我们需要准备好应对未预料到的事情。自由创新的过程使模棱两可和不确定性的存在先于明确性。创新要求我们忍耐不确定性和模棱两可，保持耐心并理解不是所有的问题都会立刻得到解答。然而，模棱两可是一个很有用的工具，它帮助儿童准确地发现他们所面临的挑战并更深入地探究问题背后的原因。这个过程需要时间。如果我们催促儿童匆匆度过创新循环中不确定的、模棱两可的阶段，那么他们永远不会提升创新技能，也不会为自己和社会做出必要的贡献。

作为成人，我们必须想办法鼓励儿童意识到，通过试错，他们可以反思结果，调整创新性想法，最后走向成功。创新要求我们拥抱过程，而不是聚焦于最终的结果。开放性材料允许儿童在探寻问题答案的过程中灵活地探索和学习。开放性材料的低结构特征使儿童有能力尝试新的视角、做出改变并在他们愿意的时候重新开始。儿童似乎本能地认为，不管是答案还是他们实现目标的方式都没有对错之分，过程比结果重要。当我们观察儿童玩积木的时候，我们看到他们想要建造一座塔是因为建造活动很有趣，并不是因为他们想拥有一座塔。引导儿童忍受创新过程中的模棱两可，度过这个阶段并找到答案，可以帮助他们应对日常生活中的不确定性。

作为教育者，我们认为，对失败的恐惧阻碍着儿童的学习。作为成人，我们花太多时间避免儿童失败。我们用阅读和书写充斥儿童的生活，努力让他们为下一阶段的教育做好准备。我们谈论渐进式学习，并声称他们在学习新知识之前需要了解某些知识。我们想要儿童达成特定的标准，如果没有成功，就会让人们（包括儿童）负责，因为我们对失败有着巨大的恐惧。但创新要求我们创造这样一种教育，它帮助儿童跳出常规思维进行思考，忍受模棱两可和不确定性，通过完成困难的任务找到问题的答案。如果想要儿童成为未来的创新者，我们就必须改变教育实践，学习克服对失败的恐惧。

收集钥匙

3岁的乔伊正在整理和分类收集到的钥匙。5岁的姐姐乔利恩过来分享了一种不同的整理方式，即用钥匙制作一只霸王龙。这个游戏引发了一场关于如何使用这些钥匙的批判性对话。乔伊想复制姐姐的想法，因为他欣赏她，总是跟随她，但他也想坚持自己的想法。乔伊可能需要成人给予他一些支持，以便帮助他理解：心里同时存在矛盾的甚至相反的想法和感受是可能的而且是可以接受的。好奇心给儿童提供了思考的机会，让他们在游戏中探索模棱两可或者不确定的想法。

152　幼儿园开放性游戏材料：培养儿童必备的七种生存技能

水是贾内尔和托尼创造的想象世界中的稀缺资源。他们想出了一个创造性的解决办法，以便能在王国里更持久地储水。他们的计划是使用吸水珠，他们充满好奇地看着吸水珠被水淹没后变得越来越大。吸水珠被分到纸杯蛋糕盘里，以便他们把水相对公平地分给王国里的居民——这是解决复杂问题的一个创造性解决办法。

第七部分
创造力

幽默与愉悦

混乱

智力与情感参与

好奇心与游戏

> 正是情感和理性让我们找到真正的创造力。也正是因为它们,我们建立了连接并创造出复杂、多变的人类文化世界。
>
> ——肯·罗宾逊(Ken Robinson)

谈及创造力，我们往往会想到一些天才，比如艺术家巴勃罗·毕加索（Pablo Picasso）、莱奥纳尔多·达·芬奇（Leonardo da Vinci）和沃尔夫冈·阿玛多伊斯·莫扎特（Wolfgang Amadeus Mozart）。我们许多人都被问过："你有创造力吗？"我们的答案可能是基于我们对于创造力的先入之见。普利策奖[①]（Pulitzer prize）获得者爱德华·O.威尔逊（Edward O. Wilson, 2017）在他的著作《创造力的起源》（The Oringins of Creativity）一书中，将创造力描述为"对独创性天生的追求"，并认为创造力是根据其激起的情绪反应来评价的。我们的先入为主的观念是，创造力是人生来就有的，无法通过学习获得。我们在小时候获得的关于我们创造力的评价，可能让我们认为自己没有创造力。但是，为了培养儿童的创造力，我们必须有不同的认识。

一种更现实、更有益的观点是，创造力是将新旧经验联系起来，理解概念之间的关系，以及组合已经存在的碎片化的东西进而形成新东西的过程。我们可以重新定义创造力，进而发现几乎每个人天生都具备一定水平的创造力，而且大部分的创新思维能力是可训练的。芭芭拉·克尔（Barbara Kerr, 2009）提出，大约22%的创造力差异受基因影响。她通过研究双胞胎的创新思维差异得出了这样的结论。在同一项研究中，克尔发现一些个性特征在富有创造力的人当中更常见，比如从众行为较少、不太在意人们对自己的看法。然而，只有通过与环境的互动，人们才能全面发展创造性行为。

当前关于创造力的科学研究聚焦于创造时刻的大脑功能。它们试图了解大脑在进行深刻思考时是如何反应的。这些研究表明，创新思维涉及在大脑的不同区域建立新的连接，这发生在人们进行发散思考和遇到新经验的过程中。在《异想，天开：极富创造力的人做的10件与众不同的事》（Wired to Create: Unraveling the Mysteries of the Creative Mind）一书中，作者斯科特·巴里·考夫曼和卡罗琳·格雷瓜尔（Scott Barry Kaufman & Carolyn Gregoire, 2015）描述了富有创造力的人运用大脑的不同区域灵活思考的过程。这些整合性的思考过程包括产生新的想法，拓展和充实观点，批判性地反思和考虑观众的视角。创造的过程并非线性，富有创造力的人倾向于同时投入不止一个探索或者兴趣领域，并同时产生多种想法。米哈里·契克森米哈赖（2013，p.57）是一位知名的研究创造力的专家，他总结道："如果我必须用一个词来说明是什么让富有创造力的人的个性与其他人不同，这个词就是'复杂性'。我指的是他们在思考和行动中所展现出来的倾向性，它们在许多人那里是被分开的。它

---

① 美国的一项针对报纸、杂志、在线新闻业、文学和音乐创作的奖项。——译者注

们包含相互矛盾的极端情况——它们中的每一个都不是一个'个体',而是一个'群体'。"他指出,作为人,真正有意义的一部分就是创造力的产物,在进行创造的时刻,我们充满活力。

研究人员雷克斯·琼格(Rex Jung,2014)认为,创造力是大脑进行溯因推理以及在环境中通过新颖、有效的方法解决适应性问题的能力。溯因推理是指基于当下所有的最佳证据得出假设。它要求人们以抽象和隐喻的方式进行思考,使用近似法——基于可用的最佳信息进行推理。近似法要求人们在针对问题提出最佳的、创新性解决方案之前,产生多个"最佳猜测"。这对儿童而言可能是一项挑战,但经过练习,他们可以发展出通过推理做出最佳假设,进而验证创造性假设的能力。美国人本主义心理学家卡尔·罗杰斯(Carl Rogers,1954)认为,为了产生创造性的思考过程,人们需要对新的经验保持开放性,而支持这种开放性的行动包括:创造更少限制的、非线性的环境,在模棱两可的情况下容忍模糊性的存在。为了支持儿童的创造力,我们作为成人必须保持好奇心,允许好奇心引导我们自己的学习。我们需要创设不评判儿童的环境,无条件地接纳儿童的探索。我们要给儿童提供空间和环境,让他们从创造的行为中而非只是从工作结果中获得快乐。我们需要认识到,创造力无法被打包出售,因为它以出乎意料的方式发挥作用。我们需要拥抱和享受创造的过程,并接受随之而来的回报。

所以,我们如何帮助儿童发展潜在的创造力呢?创造力需要我们改变做事情或者思考的方式。它意味着冒险,拓展想象力以解决问题。创造力在儿童参与聚焦于过程而不是最终成果的活动中产生。我们可以在艺术和游戏中发现创造力,也可以在科学和解决日常问题中发现创新思维。创造力与天赋、技能或者智力无关,也不是指和他人比赛看谁做得更好,而是指思考、探索、发现、想象、组合、重新设计思维与想法。当儿童玩开放性材料时,他们以无限的可能性组合、重新设计、排列、拆开和整合开放性材料。一次性杯子变成城堡里的高塔,木板变成一条假想的河流上的桥梁,衣架也被连在一起作为一个从高处把物品取下来的工具。开放性材料的可供性提升了儿童的创造力,支持其灵活思维的发展。观察儿童使用瓷砖进行的设计活动,你会注意到他们从测试不同的颜色组合开始。当他们组合不同的颜色创作各种各样的作品以后,他们的创造力将进一步得到拓展。他们自信地混合搭配瓷砖来创造复杂的图案。他们的兴趣在于过程,而不是最终的结果。后退一步,通过提供更多不同颜色的瓷砖来支持他们。因为创造性过程直到出现有形的事物时才会真正结束,所以要允许儿童通过游戏、艺术、争论、讨论和与他人互动等多样的真实体验来表达他们的创造力。

支持儿童创造力的机会和可能性

- 帮助儿童重新定义问题和他们问问题的方式。重新定义问题意味着找出问题，从不同的角度审视它，这有助于强化儿童的分析能力。
- 支持儿童跳出常规思维进行思考。给他们时间和空间去自由地探索和创造，不要过度安排他们的时间。
- 给儿童机会去犯错，提出不同的问题（即使可能没有答案），允许他们验证自己的假设直到感到满意为止。这个过程是创新思维的必要组成部分。
- 鼓励儿童交流想法，清楚地表达自己的想法如何不同。儿童需要阐述为什么觉得自己的设计有价值。
- 让儿童接触不同的学科——从科学和工程到艺术与人文。让儿童接触不同的知识和拥有多样的兴趣，以拓展他们看待世界的方式，增强他们的创造力。
- 探索儿童已知的一切，并把他们带到他们可以探索的未知领域。这会让他们持续参与，对令人兴奋的新发现保持浓厚的兴趣。
- 从活动过程而不仅仅是结果中寻找乐趣。避免聚焦于那些很容易通过标准测试来衡量的思维方式。

第 22 章
混　乱

创造力是一种可能会造成混乱但广受欢迎的技能。为了培养幼儿的创造力，我们需要给他们时间去自由地制造混乱，探索自己的能力。我们必须给他们空间去追随自己的想法和热情，也要给他们机会犯错并解决这些错误带来的问题。我们还需要让他们准备好面对令人不适的模棱两可的情况。培养儿童的创造力可能会获得长远的回报，但是它同时要求放弃成人的期待和教育标准。发展创新思维是一个协同作用的过程，要在教儿童使用工具、材料和技术与尊重儿童独特的创造性发展之间找到平衡。

当儿童玩开放性材料时，他们学习使用不同的物品，探寻如何将它们连接起来一起发挥作用。组合使用真实的工具，如铁锤、螺丝刀和木块，就能打开儿童的创新思维。当儿童参与探究并不断重新建构问题和想法时，创新就发生了。这个过程并非是线性的，儿童需要大量相同的物品用于探索和调查。我记得我的女儿需要许多积木来建构复杂的结构。她会建造又高又大的塔，把它们推倒后再重新建构。我们往往认为这个过程毫无意义，常常困惑于她建构的目的为什么仅仅是推倒它们。通过观察她的工作，我们注意到，她每次推倒积木时都在检验一种新的建构方法。这一过程混乱但很有创造力，非同寻常。如今，她是一名平面设计师，在一家科技公司里负责创造性的策划工作。

当我观察儿童的创造性过程时，我注意到他们在一件艺术作品中添加了大量颜料，或者使用了很多瓷砖进行瞬时艺术创作。支持儿童的创造力发展，要求成人理解混乱在创造和思考过程中的重要性。我们需要明白，创造力不是通过回答问题发展起来的，而是通过提出新问题和重构旧问题发展的。儿童需要发现自己的创造热情，也需要允许他们表达这种热情的媒介。为他们提供探索多种开放性材料的机会，将促使他们分析和探究开放性材料所提供的无限创造可能性。例如，黛安娜用玻璃珠和沙滩眼镜创造了复杂的图案。在某个时刻，她想把她的作品用不同的相框框起来，以探索不同空间的大小。她的爸爸注意到她在寻找装着相片的不同相框，于是过去问她是否需要帮助。他们一起寻找空相框，并拿掉上面的玻璃。这些相框给黛安娜提供了表达创造力的新空间。她的家人知道她需要更大的地方来探索，于是根据她的创造需求提供帮助。他们已经学会接纳她在创造过程中制造的混乱。

捏一捏、戳一戳黏土

埃玛一般不喜欢弄脏手，但她发现黏土具有不可抗拒的吸引力。当她自由地探索潮湿、凉凉的黏土时，她有了更多的想法和发现。她捏黏土，用手指刮黏土，把整个手压到黏土里。她还把食指戳到黏土里，戳出一个很深的洞。每一次她对黏土施加影响，黏土都会回应她。黏土的变化激发了埃玛的兴趣，并赋能她持续地进行探索。她用双手拽着黏土并把它扭成麻花状，看着它改变形状。然后，她把手伸到水里，洗掉手上的黏土。当她把手放回到黏土上面时，她湿湿的手指在黏土上滑动，创造了一个光滑的表面。她用手指抚摸光滑的表面，然后把海玻璃按到黏土球里。接下来，她把手指伸到黏土中，把一些黏土块掐掉，以便把所有的海玻璃盖住。埃玛明天可以继续玩黏土游戏，这有助于她持续进行探究并发展创造力。

第 22 章 混乱

第 22 章 混乱 163

创造力会带来混乱，儿童需要进行更多的设计，直到他们感到满意为止。成人可能觉得已经太多了，但对孩子而言，他们才刚刚开始。

第 23 章

幽默与愉悦

没有什么比听到儿童的开怀大笑声更让人兴奋了。当愚蠢和滑稽占据上风的时候,就是我们感到快乐的时候。我们观察到太多的快乐时刻。许多发明、发现、解决办法和艺术创作都来自我们的幽默感、快乐心情和我们允许自己异想天开、犯傻的时候。在这些时刻,我们胡思乱想,探索奇怪的可能性,或者将事物颠倒过来。当我们拓展想象力的界限并腾出空间寻找乐趣时,我们就进入了一种创造力不断提升的状态,我们能够进行创新、提出问题并改变限制我们创造力的规则。幽默是对发散性思维的一种练习,是一个从新的角度看待事物的机会。当儿童看见一个大的积木结构倒塌后大笑时,当他们制造一个弹弓并弹出球击中目标时,他们的创造力就被激发了。

斯图尔特·布朗(Stuart Brown,2009,p. 166)博士在他的著作《玩出好人生》(*Play: How It Shapes the Brain,*

Opens the Imagination, and Invigorates the Soul）中强调了幽默，他认为幽默是"新奇感带来的快乐，是轻松地与他人分享世界可笑之处的能力，是互相讲故事带来的乐趣，也是尽情地想象和幻想的能力"。他进一步解释道，"在得到滋养以后，这些有趣的沟通和互动会营造一种易于人们彼此之间建立连接的氛围，也会促成一种更深入、有益的关系——真正的亲密关系"。幽默和创造力对人类而言是必不可少的，因为它们有助于我们减轻压力，允许我们发展同理心，深入地了解自己及周围的人们。阿瑟·凯斯特勒（Arthur Koestler，1964）在《创造的行为》（The Act of Creation）中提出，幽默激发了有助于产生创新思维的认知、情感和社会过程。幽默似乎把大脑的两个半球和额叶或者执行功能连接起来。这些连接控制着人类的主要活动，如创造力、关系、友谊、爱和情感。大笑和幽默将人与人之间直接联系起来。例如，塞缪尔是一名年轻的父亲，他仍然童心未泯，喜欢和孩子们一起游戏，他们的笑声总是充满了整栋房子。他们用板条箱制作海盗船，用布块和围巾设计表演服，把报纸卷起来当作剑。他们去"遥远的地方"探险，在那里他们遇到了恐龙，并寻找事先被妈妈藏起来的宝藏。我们可以在他们的对话和他们创编的海盗歌曲中看到他们的幽默感。在促进儿童创造力发展的过程中，家长的作用是重新找回自己的童真品质，对事物保持好奇心并拥抱玩开放性材料带来的快乐和笑声。

五颜六色的树叶

秋季，当树叶的颜色变化时，4岁的梅甘收集了从树上掉落的叶子。她喜欢散步，捡起尽可能多的叶子。她用它们数数，按颜色和种类对它们进行分类，并使用它们创作短时的艺术作品。如果你看一下她的作品，你立马就能发现落叶艺术——一种风靡于日本的、用落叶进行艺术创作的形式。她的祖父是日本人，他注意到了她的创作，于是打印出一些日本艺术家的作品，进一步激发她的创造力。

第 23 章 幽默与愉悦 167

当我们发现一种新的问题解决方式，或者组合织物创作出一种新的艺术作品时，愉悦感将随之产生。

第 23 章 幽默与愉悦

第 24 章
好奇心与游戏

好奇心是创造力的基础。好奇心是指儿童了解事物和探索新想法的强烈需求。当儿童长时间地沉浸在自由游戏中时,他们会利用自己的好奇心问"如果……会怎样"的问题,并梦想着未来的可能性。游戏促使儿童探寻问题的答案,并提出导向新发现的创造性假设。乐高基金会(LEGO Foundation)进行了一系列研究,证明游戏在提高儿童的创造力和促进儿童的认知发展中发挥着重要作用。研究者观察到,当儿童操作材料时,他们既深入地寻找个人意义,又持续地理解他们与环境的关系。游戏是儿童运用与生俱来的好奇心了解陌生的物品,进而探索物品意义的一种方式。儿童通过好奇心和游戏获得创造性解决办法和创新性成果,而这又将启发和激励他人(Ackermann, Gauntlett, & Weckstrom,

2009）。当儿童游戏和探索物品、创意、想法或者想象的故事时，他们就在使用创造力探索不同的学科——从科学和技术到创造性写作、音乐和视觉艺术。

　　桑德拉·W.拉斯和克莱尔·E.华莱士（Sandra W. Russ & Clair E. Wallace，2013）相信，创造力中的许多重要认知能力和情感过程也出现在假装游戏中，所以童年的假装游戏影响成年时期创造力的发展。另外，拉斯（2004）关于游戏的研究进一步指出，幻想、假装、象征、组织、将看似分离的内容进行认知整合以及发散性思维（想出许多不同的点子、故事主题和象征性符号的能力）也是创造力的基石。美国知名心理学家埃里克·埃里克森（Erik Erikson）的一段话常常被引用，这段话的内容是，"看儿童游戏，与看艺术家画画如此相像，因为他们都是在一言不发地进行着表达。但是，你能看到他如何解决问题，也能发现哪里出错了。儿童有巨大的创造力，他们无论在想什么都会在自由游戏中表现出来"（New York Times，1994）。埃里克森将游戏和未来富有创造力的成人联系起来，他整合了富有创造力的人的核心价值观和特征：自由地表达观点、发散性思维、解决问题、情感发展、灵活的思维和对工作的热情。在好奇心的激发和创造力的支持下，象征性游戏是童年最令人快乐的事情之一。

弹盖子游戏

　　这几天，埃玛都在玩一些金属盖子和塑料盖子。她每次玩这些材料时都会有新的发现。当她把碗里装满盖子并倒空，对盖子进行分类和把塑料盖子堆到金属盖子上时，我们看到了她的好奇心。当她搅动盖子并让它们掉到地上时，她完全被盖子发出的声音迷住了。今天，除了盖子，她还有一些手工棒。这些材料能给她提供哪些新的游戏可能性呢？埃玛小心翼翼地把七个瓶盖一个挨着一个地沿着地毯边缘排起来。她用右手抓起一根手工棒，用力按住一个金属盖子的一边。让她感到惊讶的是，盖子飞到了空中。她发现了一种弹盖子的新玩法。她用手工棒一个接一个地按住盖子，看着它们飞到空中发出"砰砰"的声音。她每按一次都会改进自己轻弹盖子的技巧，探索压力如何影响盖子弹出的轨迹。埃玛利用她的好奇心不断地验证各种假设。

杯垫引发了儿童的好奇心,他们在通过不同的混合方式创作艺术作品的过程中找到了乐趣。

第 25 章
智力与情感参与

对新的想法、经验和情感保持开放的态度,是创造力和智力发展的关键。热情地解决问题、追寻真理、与新的想法和概念互动是智力参与的表现。情感参与则涉及探索人类情感的深度,以及与我们的直觉、感受、同理心、同情心联系起来,尤其是当我们做出影响他人的决定时。

儿童的游戏机会正在与日俱减。大多数儿童的大部分时间都耗费在过度结构化的活动中,这影响了他们的整体发展。当在日常工作中支持儿童玩开放性材料时,我们发现儿童不仅在所有的发展领域都有杰出的表现,而且在符号表征和创新思维能力方面也有显著提升。当儿童玩开放性材料时,他们试验新的想法,体验新的感受。他们充分运用创造力，对一切的不期而遇保持开放和好奇的心态。

许多著名艺术家的作品都反映了他们的强烈情感体验，这表明情感可能有助于创造过程。一项由罗杰·贝蒂（Roger Beaty）博士所领导的研究指出，具有更高创造力水平的人的大脑表明，我们往往认为大脑中不会彼此连接的区域在他们的大脑中则建立了联系。大脑由不同的区域组成。缺省区域在人们做白日梦、产生疑惑和进行自发思考时被激活。当人们需要集中注意力或者控制自己的思维时，大脑的执行区域或者额叶被激活。大脑的显著区域是缺省区域与执行区域之间自由切换的工具。一般而言，这些区域一次被激活一个。但是贝蒂发现，在具有更高创造力水平的人的大脑中，这三个区域是同时被激活的。另外，情感深度参与的人或者愿意探索自己情感的人，似乎更容易受到灵感的启发，而灵感是创造力和智力的可靠指标（Beaty, Kaufman, & Hyde, 2016）。当儿童有机会表达自己的真情实感时，他们就能进行创造性思考，寻找创新性方法来应对日常挑战。

保护者与卫士

伊夫琳喜欢冒险和实验。她的艺术创作常常不拘一格，充满想象力。她花了很多时间开心地从事复杂的创造性活动。今天，她用瓶盖、手工棒和多米诺骨牌创造了复杂的场景，表现了她对《哈利·波特与魔法石》（Harry Potter and the Sorcerer' Stone）一书的理解，也展现了她的想象力。瓶盖和多米诺骨牌被她放在艺术作品的最底部，因为它们是"保护者和卫士，这样坏人就进不来了"。手工棒代表了从门口延伸下来的台阶。当你进入秘密房间后，你会发现那里有各种各样的魔法瓶盖：一个红色的瓶盖是魔法石，一个蓝色的瓶盖是"无所不知石，因为它是最强大的，可以做任何事情"。作品最顶部的彩色瓶盖是火焰，它们像火箭一般冲向天空，给不同的星球送信。伊夫琳可能没有充分理解《哈利·波特与魔法石》的全部情节，但她的故事揭示了一个共同的主题：危险和安全。她的智力和情感参与帮助她明确阻挡坏人的方法，提醒他人注意安全，并提供保护。

洛伦佐为颜色着迷。他喜欢在绘画中探索不同的颜色组合。当妈妈从当代艺术博物馆带回来一块新的砧板时,他非常兴奋。他跑去找到彩色毛毡球,在接下来的午后时光,他都在混合、匹配和分类这些美丽的小球。

第 25 章 智力与情感参与　　177

第八部分
领导力

思想开放与观点采择

利他与社会公正

建立可持续性

全球视角

> 这就是我的秘密,它非常简单:只有用心才能看得清楚,用眼睛是看不见任何本质的。
> ——《小王子》(*The Little Prince*)

当我们展望未来时心中会产生很多疑问，我们想知道如何才能领导一个不可预知的未来世界。作为家长和教育者，我们意识到这个世界正变得越来越多元化。我们知道，儿童需要具备和各种不同的人沟通与合作的领导力。在如今的学业压力下，儿童正在形成一种竞争性的"填空"心理，这让他们相信每个问题只有一个正确答案。然而，未来的雇主想要而且需要的是能够跳出固有思维模式、创造性地解决问题的人。此外，要想在职场中获得成功，人们日益需要与不同的团队成员进行合作。

无论是商业、工业、科技、医疗还是艺术领域，都需要领导力。在培养儿童的领导特质、气质和能力方面，家长和教育者的作用非常关键。培养儿童的领导力有助于儿童建立自信心，创造性地解决问题，与他人协同工作，以及在自己的生活中获得自主性与能动性。更重要的是，领导力可以帮助儿童发展"自我概念"——儿童如何将自己视为一个具有身体能力、社会性和道德感的人。儿童的自尊心塑造了他们的自我概念（即他们如何看待自我价值）、自我效能感（即他们如何评价自己的执行能力）以及认知思维（即他们的知识和信念）。我们的个性特征以及支持我们建立身份的身体与心理特征，决定了我们的价值观、文化、行为举止以及我们如何与他人建立联系。这些个人特征的发展是我们能否发挥领导力的关键因素。

作为家长和教育者，我希望我的女儿们具备领导力，尤其希望她们成为利他的领导者。我想让她们从事推进社会公正的工作，为不公正的事件疾呼。我希望她们认识到，她们在创造文化和环境可持续发展的世界中发挥着积极主动的作用。我让我的两个女儿在童年早期快乐、自由地游戏。我知道，她们一旦进入童年中期，就必须应对学业压力了。为了培养下一代领导者——在未来的全球化和多元化社会中能够与他人成功互动的人——我们需要给儿童提供大量玩开放性游戏的机会。如果你对开放性游戏如何有助于培养儿童的领导力存在任何疑问，那么你可以观察一群儿童玩超人游戏的场景。超人是天生的领袖，他们勇敢无畏、强大有力。他们用耐心、责任感和同理心克服难以想象的困难。

超人游戏还通过培养儿童的倾听、共情和理解不同观点的能力，给他们灌输一种强烈的社会正义感。领导力对于儿童在未来取得成功非常必要，同时它也是儿童获得利他的、开放的世界观的关键，引导儿童创造一个可持续发展的未来。

支持儿童领导力的机会和可能性

- 为儿童提供开放性材料，让他们有机会玩象征性游戏和角色扮演游戏。

- 引导儿童围绕共情和同理心等话题进行讨论。观察他们的游戏,并寻找开启这一讨论的时机。
- 反思你自己的想法、兴趣、感受等,思考它们如何影响你与儿童互动的方式。花时间玩开放性材料。
- 重视毅力与过程,而不是完美的结果。创造机会让儿童犯错和改变结果。开放性材料的低结构特性,允许儿童重视过程而不是最终的结果。
- 培养儿童的协商能力,知道争论是无害的,它是儿童表达想法和感受的一种方式。引导儿童进行强有力的对话。当儿童玩开放性材料时,他们就在进行争论、共同合作和解决问题。
- 相信儿童的能力,支持他们的想法。当儿童玩开放性材料时,他们的思考没有对错之分,只有一个思考无限可能性的世界。
- 帮助儿童通过利他的社会正义工作获得能动性。他们将明白,他们可以促使社会发生有意义的改变。
- 回收利用和升级改造开放性材料,创造可持续发展的环境。

第 26 章
思想开放与观点采择

与同伴、成人相处并建立可靠的关系，将帮助儿童在未来更有效地工作。思想开放，即愿意尝试新事物、倾听新想法，对于个人成功地与他人建立关系十分必要。思想开放有赖于人们对探寻真相和获得新认识的渴求。思想开放意味着灵活、公平地倾听不同的观点，并从中学习。它与观点采择能力——从另一种观点出发看待一种情境或者理解一个概念的能力——紧密相关。观点采择能力始于儿童能够识别、命名和理解自己与他人的不同情绪。然而，观点采择能力和同理心不是一回事。识别和感受他人的悲伤对于人际关系非常重要，但它与理解他人的悲伤感受或者他人为什么悲伤不同。我们必须把同理心与观点采择能力和思想开放区别开来，但它同时又是两者的必要组成部分。为了共同合作和游戏，儿童需要具备观点采择能力，并对人们之间的差异保持开放的态度。这些能力相互联系、彼此支持，共同帮助儿童获得建立友谊以及在协同的环境中与他人一起工作的技能。

观点采择能力和思想开放是成为领导者的核心要素。埃伦·加林斯基是《孩子必备的七种生存技能》一书的作者，也是家庭与工作协会（Families and Work Institute）的主席。她认为，观点采择能力是从特定的童年能力和游戏中发展而来的，这些能力和游戏包括认知灵活性、象征性游戏等。

认知灵活性

认知灵活性是指将注意力从一个情境转移到另一个情境、适应变化以及接受创新性想法（即使它们与我们的想法截然不同）的能力。这种能力对儿童长大成人后进入职场尤其关键：他们必须将注意力从一个项目或想法转移到另一个项目或想法上。运用认知灵活性顺利地完成多个任务和适应变化，这一能力是未来领导者必备的素质。

象征性游戏

象征性游戏是儿童发展观点采择能力和拥有开放的思想的关键。在象征性游戏中，儿童扮演不同的角色，进而理解人们如何感受和思考。例如，约利使用绳子和纽扣制作了一个听诊器。她把听诊器放到洋娃娃的胸口，说："我是医生，我会照顾你，因为我看到你很痛。"在象征性游戏中，儿童运用自己的经验、想象力和创造力建构他们对世界运作方式的认识。你可以用箱子、托盘、花盆、盒子或者红酒桶创造一个"小小世界"——一种小型的想象性游戏场景。小小世界通常还包括自然感官元素，如沙子、泥土、砾石或者鹅卵石。你还可以通过添加开放性材料来增加游戏的可能性。例如：贝壳和沙子可以给儿童提供探索海洋的灵感，砾石和小积木可以帮助儿童建造一个建筑工地。观察儿童的游戏并记下他们的兴趣，将有助于你更好地知道应在小小世界游戏中投放什么材料。小小世界游戏能够促进儿童的社交互动，同时也让儿童有机会独自游戏并反思自己面临的挑战。在小小世界游戏中，儿童认知世界并深入地了解他人的思考、感受和认识。通过这一象征性游戏，儿童开始深入地理解自己的责任和自己所担任的领导者角色。

建造一个小镇

泰龙和钱特尔注意到，他们的社区正在发生变化，越来越多的高楼拔地而起。他们担心，如果更多的建筑占据他们的公园，他们去哪里游戏呢？他们用小积木和半圆形木环重新建造他们的社区。他们用不同的方式移动积木，思考如何保护他们的公园。那天下午，邻居家的孩子肖恩加入他们的计划。他们讨论如何把这些想法告诉建筑工地的工人。泰龙和钱特尔的妈妈鼓励孩子们把他们的设计方案用照相机拍下来，并给那些工人们写一封信。第二天，他们将信和照片送给建筑工地的工头。从这一行为可以看出，这三名儿童对新的想法持开放的态度，同时他们也认识到自己在改变社区的过程中能够发挥领导作用。

第 26 章 思想开放与观点采择

188　幼儿园开放性游戏材料：培养儿童必备的七种生存技能

这一系列照片揭示了，儿童如何运用观点采择能力来思考不同群体的人们对在雪中着陆的认识。来自外星的生物降落在一个新的星球上，降落之处的地形对他们而言是陌生的。这些生物所面临的挑战是，在不同寻常的冰冷、雪白的物质上建造一个基站，进而建造保护塔、传送器和接收器。

第 27 章
利他与社会公正

在许多家庭看来，社会公正是一个很有挑战性的话题。这一认识可能保护儿童不受政治、社会和经济方面的偏见话语的影响。然而，社会公正不只涉及我们认为可能有害的主题，还包括公平、平等、接纳、多样性、信任和友善等。如果你倾听儿童在超人游戏中的对话，你就会发现儿童已经发展了有关"公平"和"不公平"的意识。他们是具有批判性的思考者，意识到世界上有一群人得到的待遇比其他人好，尤其是当媒体报道了大量类似的信息时。因此，让我们最小的公民开始从事社会公正工作很重要。儿童处在理解世界如何运作的过程中，他们从社会互动和自身所生活的环境与社区中学习。

路易斯·德曼-斯帕克斯（Louise Derman-Sparks）和朱莉·奥尔森·爱德华兹（Julie Olsen Edwards）在他们的反偏见教育（anti-bias education，ABE）著作中提出，儿童需要关心他们的成人给予他们指引和支持，帮助他们建构关于自己和他人的积极信息。儿童需要成人指引他们学会抵制偏见和歧视带来的有害影响。为社会公正工作奠定基础必须从童年早期开始，并持续儿童的一生。在成人的适宜指导下，这个基础得以建立起来，并为儿童提供了在多样化世界中生存所需要的领导技能（Derman-Sparks & Olsen Edwards，2015）。

建一座医院

马娅的弟弟生病住院了。为了给马娅一种生活依然正常的感觉，她的奶奶邀请周围邻居的孩子到马娅家玩。马娅的家庭并不富裕，但是她的父母开动脑筋、极富创造性地给孩子提供游戏材料。马娅的父亲在一家打印店工作，所以他收集了很多管子。这些管子被用作建构活动的积木。马娅和朋友们花了很多时间建造弟弟住的医院。孩子们轮流扮演医生、护士和病人的角色。在他们的游戏中，反复涉及的一个主题是性别。马修和贾马勒想当医生，因为他们是男孩。他们让马娅和弗朗西丝当护士，因为女孩不能当医生。他们继续进行建构活动，对话也持续进行。终于，马娅的奶奶介入了，她帮助孩子们理解女孩和男孩都可以成为医生和护士。更重要的是，她花时间聆听孩子们的观点和经验。她问了孩子们一些开放性问题："谁来做决定？谁被排除出去了？""谁喜欢游戏，谁不喜欢？""为什么只有男孩才可以当医生，只有女孩才可以当护士，这公平吗？""我们可以怎样改变游戏，让男孩和女孩都可以当医生和护士？"这些问题帮助儿童认识到，使用自己的权力阻止其他儿童扮演某一角色是不公平的，对其他人也没有帮助。

阿里安娜和索菲娅已经用了好几天来建造高高的硬纸管墙，然后推倒它们。当她们的妈妈询问为什么要推倒建好的墙时，她们说这是为了"推倒阻碍人们进来的墙"。她们的妈妈一旦意识到女儿们是在应对最近发生的政治事件，就能够与她们谈论美国和墨西哥边境墙对家庭造成的影响。

第 28 章

建立可持续性

可持续地生活是指在自然环境的能力范围内生活,确保我们的行为对周围的世界——包括我们的社会和文化——所产生的负面影响最小。可持续性涉及的内容很广,如污染、工业化、回收利用、消费主义、商业主义和社会福祉等。

儿童接触户外世界的机会减少,引发了人们的持续担忧。随着户外游戏机会的逐渐减少,儿童与大自然脱节,这不利于他们了解"为了下一代要尊重和保护环境"这一基本原则。当儿童在户外时,他们会留意到周围的环境发生了什么变化。他们注意到了公园里的垃圾,或者河水因为污染而变得浑浊。他们可能从家人或者媒体那里获悉了保护环境的重要性。儿童有能力也愿意保护环境。向儿童传播可持续发展的理念,有助于他们成为社区里的积极公民,并推动社会成为一个可持续发展的社会。由于儿童是具象思考者,因此我们需要扎根于他们的日常现实生活来帮助他们理解可持续性，向他们展现可持续性对他们生活的直接影响。当儿童收集了瓶盖等废旧材料并使用它们游戏时，与他们讨论这样做对环境的好处。在散步时收集松果、橡果等，把它们储存起来，让儿童与其他人分享。只有当我们为保护环境付出了努力时，我们才会有机会与儿童谈论这些美丽的自然宝藏。当儿童开始理解他们在创造可持续发展的未来中所发挥的作用时，他们就会知道自己的行动将支持世界上其他儿童的行动。基本的价值观、态度、技能、习惯和行为在童年早期开始形成，并持续一生。当儿童为环境的可持续发展做出努力时，他们会发展出能动性和领导力。他们将感受到和看见自己的观点、意见受到重视。他们知道，他们能够为社区的改善做出贡献。这些重要的价值观和态度，将帮助儿童长大成为一个为社会可持续发展做出贡献的人。

调制香水

戴维、丹尼尔、安娜一直在收集小玻璃瓶和塑料瓶。他们想调制香水，然后进行销售，为当地无家可归的人筹集善款。当终于有了足够的瓶子时，他们花时间和父亲阅读调制香水的配方。他们觉得，最好的方法是把花朵和香料磨碎，然后把它们与水、油混合起来。他们试验了不同的花朵——从自家花园里的玫瑰到奶奶家的栀子花。他们从妈妈的香草花园里摘了一些迷迭香，把它们与薄荷一起磨碎，然后加入几滴油。他们检测了香水，并让妈妈、阿姨和奶奶都试了试。她们都认为香水闻起来不错，可以装瓶销售了。孩子们用小漏斗仔细地在瓶子里装满香水，并画好一些标签贴在上面，然后讨论售价。第二天，他们在房子外面摆放了一张小桌子，向邻居们推荐这些瓶装的香水。当天结束时，他们计算筹到的钱，很兴奋地发现赚了将近七十元，可以将其捐赠给无家可归的人。虽然这个过程很辛苦，但是他们承诺帮助这些人，这一目的让他们干劲满满。他们学会了发挥领导力，回馈自己所生活的社区，通过回收小香水瓶来参与环境保护，以及为当地无家可归的人筹集资金。

第28章 建立可持续性

可升级利用的材料是免费的、丰富的。再利用铝罐就是一种很棒的升级利用形式，同时也是一种减少不必要浪费的方法。一致的形状和大小让它们成为建构、堆叠和嵌套的完美资源。

第 28 章 建立可持续性

第 29 章

全球视角

许多家庭和早期教育机构的核心价值观是培养儿童关爱所生活的社区、社会和世界。在童年早期,我们告诉儿童,他们需要分享。我们想要培养他们利他和共情的能力。我们希望他们与他人协同工作。我们还希望儿童进行批判性思考,并基于事实、知识和认真的反思做出决定,从而与和自己的想法、观点不同的人产生共鸣。

我们可以从儿童萌发的担忧开始,教他们成为有爱心的世界公民。由于开放性材料的低结构特征,儿童可以在游戏中进行协商、提出假设、进行批判性思考、建立连接、注意到相似性与不同、做出妥协以及针对复杂的问题提出创新性的解决办法。倾听他们的交流、讲述并观察他们的游戏主题。儿童对自己的身份、给予、公平和人际关系充满了担忧。儿童天生就有能力理解他们的社会和文化世界。当成人和儿童一起探寻答案时，他们可以帮助儿童基于准确且共情的理解来进行思考。让他们自己得出结论可能会导致错误的信息、文化偏见和标签化的思考。当儿童游戏时，他们进入了一个深刻反思的区域，理解生活中发生的事情。当成人借此机会与儿童一起思考身份和平等话题时，我们就在进行重塑社会的工作。

一旦儿童了解不同的人如何参与世界、理解不同的观点并对他人具有同理心时，他们就可以行动起来改变社区。社会公正、利他主义和可持续性无法在一节课上被教授，这些价值观需要被整合到儿童生活的方方面面。通过让儿童感到安全并引导他们接受这些价值观，家庭就能帮助儿童问正确的问题和以有目的的、富有成效的方式行动。这些都是在全球化社会中生活所必要的技能，而玩开放性材料是发展这些技能的完美工具。

发现世界

纳塔利娅和玛丽安娜发现了曾祖母收集的邮票。她们喜欢透过放大镜观察邮票，关注所有的细节。她们看着这些信封，好奇它们是从哪里来的。她们布置了一个小小的办公室，并假装给其他地方的儿童写信，然后寄给他们。

曾祖母和她们一起坐下来，分享她记得的关于这些邮票的故事。她说，有些邮票来自她住在委内瑞拉的姐姐。纳塔利娅和玛丽安娜继续分类和整理这些邮票。她们将这些邮票组合成美丽的、错综复杂的图案。通过这种简单的方式，她们了解世界，理解成为世界公民意味着什么。

当儿童在泥巴和花园里游戏时,他们可以了解泥土对人的健康和种植食物的安全的重要性。

对世界上任何一个地方的儿童而言,生活的核心都是享有游戏权利(United Nations General Assembly,1989)。为了我们自己的孩子和世界各地的孩子,我们有责任保护这种权利。

参考文献[*]

American Academy of Pediatrics. 2016. "Policy Statement: Media and Young Minds." *Pediatrics* 138 (5): e20162591.

Beaty, Roger, Scott B. Kaufman, and Elizabeth Hyde. 2016. *Toward an Imagination Science: Neuroscience Imagination Retreat*. Report prepared by Department of Psychology and Center for Brain Science, Harvard University. Philadelphia: Imagination Institute. December 2–4.

Brown, Brené. 2012. *Daring Greatly: How the Courage to Be Vulnerable Transforms the Way We Live, Love, Parent, and Lead*. New York: Gotham Books.

Brown, Stuart. 2009. *Play: How It Shapes the Brain, Opens the Imagination, and Invigorates the Soul*. New York: Avery.

Bruner, Jerome. 1996. *The Process of Education: A Landmark in Educational Theory*. Cambridge, MA: Harvard University Press.

Carson, Rachel. 1998. *The Sense of Wonder*. New York: HarperCollins.

Christakis, Erika. 2016a. *The Importance of Being Little: What Young Children Really Need from Grownups*. New York: Viking.

Coles, Robert. 1997. *The Moral Intelligence of Children*. New York: Random House.

Csikszentmihalyi, Mihaly. 1997. *Finding Flow: The Psychology of Engagement with Everyday Life*. New York: Basic Books. Kindle.

———. 2013. *Creativity: Flow and the Psychology of Discovery and Invention*. New York: Harper Perennial.

DeBenedet, Anthony T., and Lawrence Cohen. 2010. *The Art of Roughhousing: Good Old-Fashioned Horseplay and Why Every Kid Needs It*. Philadelphia: Quirk Books. Kindle.

---

[*] 为了环保，也为了节省您的购书开支，本书参考文献不在此一一列出。如果您需要完整的参考文献，请通过电子邮箱 1012305542@qq.com 联系下载，或者登录 www.wqedu.com 下载。您在下载中若遇到问题，可拨打 010-65181109 咨询。